以一当百

互联网时代的效率手册

孟庆祥◎著

中国友谊出版公司

图书在版编目(CIP)数据

以一当百：互联网时代的效率手册 / 孟庆祥著.
—北京:中国友谊出版公司, 2014.6

ISBN 978-7-5057-3381-7

Ⅰ.①以… Ⅱ.①孟… Ⅲ.①脑力劳动-劳动生产率-研究 Ⅳ.①F014.2②F242

中国版本图书馆CIP数据核字(2014)第097848号

书名	**以一当百：互联网时代的效率手册**
作者	孟庆祥
出版	中国友谊出版公司
发行	杭州飞阅图书有限公司
经销	新华书店
印刷	杭州钱江彩色印务有限公司
规格	710×1000毫米 16开 15.25印张 199千字
版次	2014年6月第1版
印次	2014年6月第1次印刷
书号	ISBN 978-7-5057-3381-7
定价	42.00元
地址	北京市朝阳区西坝河南里17号楼
邮编	100028
电话	(010) 64668676

目 录

推荐序

“以一当百”——互联网的本质

我认为互联网的本质就是高效率和创新。

高效率包括几重含义。

首先，高效率是靠自动化实现的。正如本书提出的一个问题，同样都是IT（信息技术）服务行业，为什么IBM（国际商业机器公司）创造1000亿美元的收入需要40多万人，而Google（谷歌）创造400亿美元的收入只需要32000人？因为前者是人与人的接触式服务，后者是机器对人的自动化服务。一个大型企业，内部IT人员常常多达数千人，他们为十几万人服务。而一个大型的互联网公司为全球数亿人提供许多服务，维持上百万台的服务器运行，也只有几千人的运维人员。最关键的区别何在？这主要在于企业内部IT是半自动化的，而互联网服务是全自动化的。

其次，高效率体现在互联网公司本身的运作模式上。互联网公司开发产品，然后将产品放到网络上任由市场进行自然选择，生存法则非常客观而严酷。在这种生存模式下，没有繁文缛节，容不得复杂的组织和决策流程。长此以往，互联网公司形成了高效、讲求实用的行业文化，在激烈的竞争中，不断淘汰低效、选拔高效。互联网公司必须以一当百，否则没有机会生存。

互联网公司的高效模式一旦进入传统领域，也会大幅度地提高传统行业的效率。如本书案例所述，Google 开发一个手机操作系统只需要一个 250 人的团队，而传统的软件公司开发这样的操作系统，投入 10 倍以上的人都不够。再比如，同样提供公共邮箱服务，微软 Hotmail 的成本超过 Google Gmail 的成本数倍，这就是互联网公司和传统产品公司的差异。

奇虎 360（奇虎 360 科技有限公司）是一家互联网公司，当然也必须具备互联网公司的高效基因。以安全杀毒软件为例，奇虎 360 为数亿用户提供免费杀毒，保障计算机安全运行。如果不采用互联网模式，在企业用户中，要有专门的运维人员保障网络安全，个人用户更要花费大量的时间查毒、杀毒、进行软件升级。自动化的互联网模式省去了绝大部分人的工作，将网络安全保障变得自动化、高效化。奇虎 360 只有 1000 多位研发人员，要研发几十种产品，代码量巨大，产品更新换代频繁，这在传统模式的公司看来是不可思议的，但是，互联网公司必须这样运营。

互联网提供的多数服务都是面向个人的，似乎促进生产的东西不多，互联网更像是一部供人乘坐的轿车而不是可以被当作生产工具的卡车。每种业务演化的轨迹和规律都十分复杂，终有一天，互联网也会提供能提高可观生产力的服务。比如，当下人们热炒的云计算，大多数都是传统 IT 企业在炒作，在互联网公司看来，现在所有面向个人的服务几乎都是云计算。而企业内部的 IT 服务还封闭在一个个低效的围墙之中，迟早有一天，互联网也会以一种恰当的方式延伸到大大小小的企业内部，为企业提供一种自动化、高效率的 IT 解决方案，以取代现在的半自动化 IT 工具。

全球管理潮流基本上都源起于美国，因为那个国家先进、热衷于创新，同时占有传播的制高点。因而，就像普通商品一样，美国人写书更能令人信服。但事物的发展有时会出现另一面，就像中国互联网一样，整个行业并非靠跟随和壁垒生存。特定的生态环境有适应性的物种，特定经济环境也有适应性的企业。中国互联网行业虽没达到引领世界潮流的地步，但是其众多的创新性的尝试不可小觑，行业本身蕴藏着巨大的能量。

中国的经济蓬勃发展，也必然产生一些新的管理思想，我认为“以一当百”切中了这个时代最关键的脉搏，我们其实已经处在一个智力劳动生产力大解放的时代，只是缺乏描述和总结归纳。当然，智力的潜在效率远未发挥出来，所以在这个时代探讨如何提高智力劳动的效率相当有意义。

两年前，我看过本书作者的另一本著作《山寨革命》，这种书只有中国人才写得出来，原因很简单，“山寨”是中国独特而突出的经济现象。以前，中国劳动力成本低，效率不是最优先考虑的因素，现在劳动力成本上升现象已经非常显著，效率必然会成为一个最重要的问题。管理思想的发源地——美国，虽然劳动力成本更高，但在他们看来，效率问题已经解决了（虽然事实上没有），他们关注的焦点在创新上。其实，效率损失是更根本的问题。泰勒想解决的是如何快速生产产品，而本书想解决的是如何高效生产创意。

奇虎360董事长　周鸿祎

自　序

理念改变世界

世界是在一些理念的推动下前进的，企业管理也是如此。对于卷帙浩繁的管理书籍和管理理论，人们真正记住的不过是几个基本理念。由进化造就的人脑不具备记住大量文字信息的能力，却能够灵活处理若干事务，只要有一个基本理念，人们自然就会清楚大体上该怎么做。

德鲁克著述几十本，人们记住的主要是他“企业的唯一使命是创造需求”的告诫，以及企业应该问自己的三个问题；人们阅读科特勒多达百万字的《营销管理》，印象最深刻的恐怕就是“细分市场”；《定位》这本经典著作不断被人提及的是它的书名；科林斯的《基业长青》流行起来之后，各个企业忙着反思自己的使命和愿景到底是什么，尽管这些看起来更像广告语的东西明显有点虚伪，但是人们仍然相信科林斯说的，这些东西可以使公司提高产生力，会产生基业长青的奇效。

这样的例子甚至充斥于整个人类文化体系之中：孔子的思想被简化成等级秩序和仁、义、礼、智、信；孙子的思想精华则是“知己知彼，百战不殆”；经济体制被简化成市场经济和计划经济；政治体制则被简化成专制和民主等。

这种概念简化并不是一种讽刺，而是一个基本事实。人们惯常的思维方式是从具体的事例中总结出几条基本的理念，惯常的行为方式则是从基本理念中派生出行动细则。

有人说，他读一本书很长时间后，也就只记住三五句话或者几个基本理念。实际上，80％的读者都只能记住一本书中的一两个想法，另外的20％则什么都记不住。人们的大脑没有芯片的记忆力，但是，却有一种灵活的创造力，人们可以从它所记忆的概念或者认可的理念之中自然演化出有关的细节设计和行动方案。比如，一个企业认定电子商务是潮流，就会去研究自己的产品是否适合做电子商务，该怎么做，并招来懂行的人去干这件事；即使没有懂行的人，仅仅是做电子商务这样一个理念就会催生有关电子商务的具体做法；人们阅读《长尾理论》之后，就可能去找一些针头线脑的小东西集腋成裘；管理者认定集权可以提高效率，就会想方设法集权，不需要按照书本上的条条框框行动；等等。

理念是一种方向性的判断，是一种思维方式，同时，它具有明显的时代特征。通常，明星企业的榜样作用以及理论总结，能够形成一个时代的商业理念。

100多年前弗雷德里克·温斯洛·泰勒在《科学管理原理》中提出了一个可以落实的提高体力劳动效率方案，亨利·福特则通过实践找到了提高劳动效率的方法。于是，动作分析、优化、流水线、自动化等理念席卷了与劳动相关的所有领域，整个社会的工作效率因此提高。

经济史学家丹尼尔·贝尔说：“如果任何社会大变动都能被归功于某一个人的话，效率原则作为一种生活方式要归功于泰勒。”20世纪末，德鲁克在回顾管理学本世纪的发展时说，自从泰勒之后，体力劳动的效率已经提升了50倍。对于体力劳动而言，机械化和自动化是最重要的武器，作为一种软力量，泰勒提出的思想原则也是居功至伟的。

德鲁克同时提出了一个命题，他说，在过去的 70 年中，智力劳动的效率不但没有提高，反而还有所下降。对此命题，很多人有不同的看法。我虽不完全认同他的观察，但智力劳动效率欠佳，找不到像“泰勒制”(即科学管理) 一样有效的提高方式，则是不争的事实。

在过去的一个世纪中，穿插着数不清的小理念，它们所带来的影响有的波及少数行业，有的只有几年的生命周期，唯有泰勒和福特提出的大理念塑造了工业的生产方式，长久地改变了人类社会的面貌。如果说泰勒思想是一个大理念、一个大创新，其后的各种理念则是微创新，那么现代商业就是这些混合理念的真实映像。

百年后的今天，有没有可能产生一个新的大理念？我觉得有可能，而且这个大理念一定是解决智力劳动领域的问题，它要解决的就是德鲁克命题——如何提高智力劳动行业的效率。

仅从定义方面看，智力劳动效率就不可能像生产效率一样容易定义。一个月写一本书一定比一年写一本书效率更高吗？一百个创意一定优于一个创意吗？但效率问题确实存在，一种管理方式产生的智力劳动成果会明显超出另外一种管理方式，在 IT 相关行业，仅仅从形成产品的人均编码数量，互联网企业明显超过以传统方式管理的企业。

衡量智力劳动效率不可能有简洁有效的方法，解决智力劳动效率提升的问题也没有可能提出像泰勒一样简洁有效的方法，原因多半是在智力工作领域未必存在“动作分析”这么有效的方法。

我自比亚当·斯密之前的托马斯·霍布斯、威廉·洛克，达尔文之前的拉马克，或泰勒之前的法约尔等，希望能为后来人找到一条更简明有效的方法，大幅度地提高智力劳动的效率。大幅提高智力劳动效率的时代已经来临，随之而来的必将有各种各样提高智力劳动效率的理念或者主张。我们必须注意到一个基本的事实——同样是智力密集型企业，一些公司的效率明显高于其他公司，有些组织方式确实优于其他方式。

在案例方面，提高智力劳动效率的革命中，可能并没有福特汽车公司这样的典型公司或亨利·福特这样的典型人物，而是各行各业的杰出公司都在为效率的提高添砖加瓦。相对论几乎是爱因斯坦一人的成就，同样大放异彩的量子力学则是群星的贡献。

现在，大多数人尚未意识到我们已经处于智力劳动效率大幅提高的时代之中，敏感的作者的使命就是最早观察到这种趋势，并把它陈述出来。高明的作者的使命就是分析这些现象，将其总结成规律，就像泰勒、斯密和达尔文所做的一样。

一个有影响力的实践，再加上一套较为严密的理论就会改变世界，就好比福特加上泰勒。我的判断是，现在二者都在临产的前夜。互联网行业作为一个智力密集型行业，在极大的创新压力下，正逐渐形成一种高效挖掘和利用智力资源的模式，也就是说正形成特别的理念，这种互联网的思维模式一旦成型、跨界，就会成为整个社会的理念。就好比流水线在汽车行业流行后，由于它的竞争优势，不可避免会扩散到其他行业，成为一种社会思维方式。

对于追求实用的读者而言，“以一当百”这个概念值得留存和追求，它具有顾名思义的简洁性。顾名思义是人的一种思维习惯，它实际上也是一个褒义词，不管是好的广告、好的理念，还是好的主张，都要有顾名思义的效果，这样才能被人们记住并且执行。

01

“以一当百”公司的诞生

美国当红经济学家、2008年诺贝尔经济学奖获得者保罗·克鲁格曼说过，生产率不等于一切，但长期地看，它几乎意味着一切。

在微观经济层面，每个公司的成败各有原因，但总体上均可以解释为效率的差异。效率高的总是战胜效率低的，高效模式总是淘汰低效模式。

效率是一个常用词，自然无须任何人来定义它到底是什么。它同时也是一个过于宽泛的、难以落实的抽象词汇，所以，人们很难把握住它的精髓，而且并不清楚如何提升效率。

“流水线”也是一个人们耳熟能详的词，它非常具体，所以更容易落实和推广，本书此后会多次提到这个词。流水线的实质是一种提高效率的具体方法。在没有找到流水线这样的方法之前，人们也有提高效率的愿望，但大多通过加班加点、提升劳动强度、减员增效等各种各样的办法来实现。

几百年的工业革命已经将体力劳动的效率挖掘到极致。在美国，农业劳动人口只占总劳动人口的2.1%，一人种粮食养活100个人，大鱼大肉随便吃，粮食还大量出口。农业工业化后，劳动生产率比传统农业社会提高了百倍。

体力劳动效率的提高挤压出大量的劳动力，后来，又分化出许多不需要体力劳动的产业，服务业和智力劳动行业随后兴起。如果可以类比的话，现在智力劳动行业的工作方式相当于一个世纪之前的体力工作，低效、无序充斥于整个智力劳动领域。

少数公司已经在一些具体的行业找到了较为高效的劳动方法。现在，这些公司已经不局限于自己的“一亩三分地”，高效公司正在开赴新的战场，入侵传统产业。

亚马逊公司是一家从网上卖书起家的电子商务销售公司，最近进入了出版行业。他们也组建了自己的编辑、出版队伍，但没有照搬原来的出版社模式。

“我们只有 20～25 人的团队，以一种小型出版商的方式运作。当然，因为我们的网站和数据库，我们拥有强大的出版能力，可以尝试创造新的出版方式。我希望利用当年在时代华纳和利特尔 & 布朗出版社（Little, Brown and Company）工作的经验。”

像亚马逊公司一样，在很多行业中都可以找到效率显著高于同行的公司，假以时日，这些新型的高效模式一定会被整个行业仿效，从而提高整个社会的效率。为了形象起见，我们称之为“以一当百”的公司。

榜样的力量

人们的观念或者信条通常不是来源于某种理论，而是来自于榜样。

1913 年 4 月，福特汽车公司在海兰帕克（Highland Park）的移动装配线完成了实验。最初的实验是提升飞轮永磁发电机的生产效率，以前福特组装一台永磁发电机需要 20 分钟，通过步骤分解和生产线组装，时间缩短为 13 分 10 秒。1914 年，福特将生产线的高度提高了 8 英寸，避免了工人不必要的弯腰，进一步将工作时间减少到 7 分钟。最后通过优化工作方法，将组装时间减少到 5 分钟。

紧接着，这种方法在福特应用开来，其中最为人们熟知的就是汽车的装配。传统的方法是把部件搬运到固定装配点装配，装配一辆轿车要花费 12 小时，而装配线直接将时间缩短到 1 小时 33 分钟！其实，当时的装配线非常之简陋，就是用一条粗绳拉动轿车底架经过部件堆放场所，装上部件之后再拉动到下一个部件堆放场所。和之前相比，只是以前移动的是零件，现在移动的是装上的部分而已。

简单地说，这就是福特革命，它的全部意义就在于大幅度提高了体力劳动的效率。

流水线立即显示出巨大的优势。1914 年，福特汽车公司有员工 13000 人，生产 267720 辆轿车，人均年产车 20 辆；其他 299 家美国汽车企业有员工 66350 人，只能生产 286770 辆轿车，平均每人年产车 4.3 辆，人均效率只及福特汽车公司员工的 20%。之后，福特把员工每天的工作时间从 9 小时减到 8 小时，每天的劳动报酬从 2.34 美金增加到 5 美金，这使公司在 1914 年需要增加 1000 多万美元的开销，相当于福特当年全部利润。然而，增加工资之后，福特第二年的利润增加到 3000 万美元。

福特成功之后，其思想和方法逐渐扩散到所有的工业领域。据德鲁克估计，体力劳动的平均效率在一个世纪中提高了 50 倍。

福特汽车公司是 100 年前的榜样，由于它的生产方式非常有效，原理也很简单，很快这种方式就传播到整个工业界。但福特的主要贡献并不是它生产了多少辆汽车、创造了多少利润，而是它变革了生产方式。

2012 年，美国科技博客网站①评选出一个世纪以来全球最具有影响力的 20

①商业内幕网（Business Insider）。——编者著

家企业，福特汽车公司位列榜首，其评语写道："汽车是一个真正具有变革意义的发明创造，而福特无疑是汽车行业中的领军企业。福特生产的 Model T 汽车改变了美国人的生活，其开创的汽车生产流水线也对工业的发展产生了深远的影响。"

现在，前沿的公司都是以智力劳动为主的公司，但智力劳动效率的提升却非常缓慢。我们可以想到提升智力劳动的诸多困难：它不能像体力劳动一样，被更高效的机器取代；智力劳动的"流水线"要比体力劳动的流水线难建得多；智力劳动很难消灭个体差异；等等。

但从另外一个角度看，任何东西在发明之前都是难以想象的。福特发明流水线之前，人们很难想象，仅仅改进了一下流程，效率就会提高这么多。莱特兄弟发明飞机之前，很难想象这么重的金属物体竟然可以飞起来。苹果之前，没有人预计到一款手机能赚这么多钱。搜索引擎发明之前，很难想象人们可以在海量信息中瞬间检索到自己需要的信息。

大幅度提高智力劳动不可能是一件很容易的事，也不可能机械地重复福特的方法，让智力借助流程和机械更加有效地运转。然而，谁又敢说智力劳动的效率是无法提高的?

德鲁克认为，在 21 世纪，那些能够最好地发挥知识工人生产率的国家，将在世界竞争中占有优先地位。现在已经出现这种端倪，超高效率的公司开始显示出其不同寻常的竞争力，他们的实践正在破解"如何提高智力劳动者的效率"这一世纪难题。

30 年前，智力劳动领域也出现了一个"小福特"，他就是迈克尔·戴尔。PC（个人计算机）行业是 ICT（信息通信技术）领域最具代表性的行业，过去 30 多年中，这个行业一直受到效率法则的约束。早期 IBM、苹果统治时期的 PC 行业是一个高毛利、较低渗透率的行业。1984 年，戴尔公司成立，迈克尔·戴尔的内心始终有一个坚定的信念——持续优化效率，通过低价格占领市场，通过高效率获取利润。当时，人称迈克尔·戴尔是"新时代的福特"。

在自传《戴尔战略》(*Direct from DELL*) 中，戴尔阐述了他的理念："从小，我就非常执着于删除不必要的步骤……一部 IBM 电脑，在店里售价一般是三千美元，但它的零部件很可能六七百美元就买得到，而且还不是用 IBM 的技术。我曾经把电脑解体、升级，所以很清楚零部件的合理售价是多少，制造商又是谁。"

戴尔模式的精髓就是砍掉 PC 销售的代理机构，直接向顾客兜售电脑，它最大的技术革新是打造超强的供应链，而今天供应链管理已经是企业管理最重要的环节之一。对于电脑这种降价迅速的产品而言，产品制造出来之后最好能马上卖掉，库存多会造成不小的损失。这是一个专业性很强的领域，谁能在不影响销售的情况下尽量缩短库存周期，谁就有优势。戴尔平均库存周期只有 7 天（一般为 4 天），从接单到调配、组装、出货只要 4 小时。戴尔模式改进了销售和供应的效率，此后，在这种思维模式下，各行各业根据自身的特点，发明了自己的"戴尔模式"。

作为公司，戴尔优化了 PC 行业的效率，辉煌了十几年，其他公司迅速仿效，行业整体效率得到提升。福特汽车公司也辉煌了十几年，1928 年之后，它的地位被通用汽车取代，但福特的模式永久影响了工业革命。一个公司对世界的贡献并非是它挣了多少钱，而是它的外部性，即产生了多大的影响。福特和戴尔的成功要素被竞争者抽取出来，加以仿效，从而让行业生产力得到实质性的提升。

实践和理论之间通常是相互促进、螺旋上升的关系。在亚当·斯密之前就有许多工厂和手工作坊用劳动分工和专门化的方式生产，斯密经过仔细观察，明确告诉大家劳动分工可以促进效率提升，分工的方式也更加科学，于是更多的工厂采取分工的方式生产；福特的实践被总结成原理和具体的方法之后，推广更加迅速；戴尔的实践则促使人们研究更加有效的销售模式和如何高效地管理供应链。

智力劳动效率的提高也需要一些榜样带动，在过去，已经出现过一些高效率的公司，它们的方法改进了智力劳动的效率或者改善了其中几个环节。尤其在比较活跃的IT领域，新工具、新方法层出不穷。以计算机编程为例，如果它也像工人铲煤一样衡量编程量，在过去的若干年，人均效率已经提高了若干倍。

然而，智力劳动高效的公司并没有一个明显的方法让人们能很容易形成观念并加以仿效，甚至智力劳动的效率并不像生产有形产品那么具有说服力。福特汽车公司人均生产20辆汽车，人们可以说它的生产方式效率比其他公司高出5倍；但亚马逊出版部门的编辑人均编书数量比传统出版社多出10倍也无人在意，人们认为这可能是不同的工作或者具有不同的质量标准。同样，没有人拿Google公司人均代码数量和微软、IBM加以比较，研究效率的差异。

在人们的观念之中，研究智力劳动效率差异的想法是幼稚的、荒谬的，也是不可行的。也因此，关于智力劳动效率，明显缺乏理论研究。

但研究有关智力劳动效率的问题，绝不能把各种传统观念陈列出来（诸如智力劳动效率无法衡量、无法比较等），小心翼翼地避免这些观念的清规戒律，以免贻笑大方，而是要打破这些观念，寻求突破。笔者非常推崇《定位》中的一句话——凡是值得干的事情都值得乱干一通，世界上永远都不会有完美的机会出现。

假设我用钢笔在纸张上写一本书需要一年，用键盘在计算机上敲出一本书只需要半年，我们就可以认为后者的效率比前者高一倍。同样，重视亚马逊编辑部和传统编辑部的效率差异，这是一种态度；而强调两种编辑工作本身的差异，则是另外一种态度。态度或者思维模式会决定行动，从而决定最终的结果。为了研究智力劳动效率，我们不能固守智力工作成果不可比较的传统观念，必须执着地比较各种能找到的指标。即便是简单粗暴甚至有很多漏洞，这个想法也是值得的。如果戚继光认为刀和枪在杀敌效率上是不可比较的，那么他就很难发明更好的武器，也很难发觉更有效的作战队形。

苹果公司给了人们什么样的观念？

我们找到的第一个智力劳动高效的样本是苹果公司，它并不是像福特汽车公司一样，人均生产了更多的产品，也不是人均设计了更多的产品，而是创造了更多的人均价值。这正是衡量智力劳动效率的一个综合工具，即如何更有效地进行智力劳动是衡量其效率的关键。

图 1–1 是根据 IT 相关领域 16 家公司年报数据派生出的图表，从纯粹人均销售收入上看，台湾的宏碁公司（Acer）人均销售额最高，苹果（Apple）位列其后。若要考虑到人均创利润（2011 年，苹果人均创造利润 42 万美元，是这 16 家公司中最高的）以及影响力，苹果当然是这个时代的最佳样本。所有这些公司的生产都已经外包，或者说它们都有同样的福特效率，但它们之间依旧存在如此之大的差异。粗略地说，它们的效率差异是智力劳动效果的差异。

每个曾经辉煌的公司都有特别的核心竞争力，福特和戴尔非常明确地追求效率；微软通过专注于 PC 主要软件，销售大量的拷贝，降低成本，赢得竞争；IBM 和摩托罗拉等公司则通过发明创造，开创和改变一些产业。这些公司成功的基因相对容易提取，便于学习和效仿。

苹果不同于过往的榜样，它是一家感性的公司，它从未刻意强调一种模式，只是追求所谓的"伟大产品"。它所取得的业绩不过是"伟大产品"坐上了大规模拷贝的列车。从公司的业务上看，苹果的成功方法相当简单：一台手机赚 200

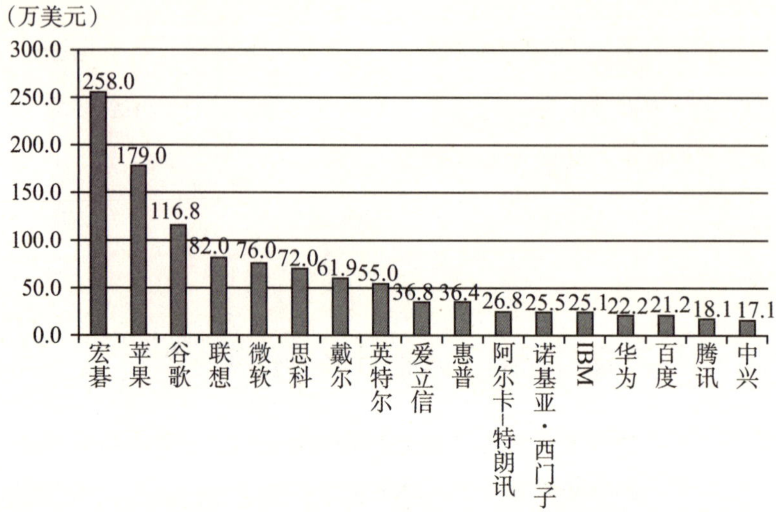

图 1–1　2011 年 IT 相关公司人均销售额

美元，将这台手机买给 1 亿人就可以赚 200 亿美元。

苹果的方法切中工业的本质——大规模复制。历史上第一个有影响力的大规模复制行为诞生于福特，福特发明 T 型车之后，逐渐减少汽车的类型，之后十几年的时间一直只生产 T 型车。乔布斯和亨利·福特也有很多相似之处，他们不相信市场调查，只相信自己对产品的理解。福特说，当我们用“一种商品如何生产出来”这样的问题去咨询 100 个人时，大概有 80%的人对此毫不在意，而将此事交给提问的人去解决；剩下 15%的人会认为自己要说些什么；但确实有想法并能提供充足理由的人只占 5%。不清楚并且能承认这一事实的，以及那些不清楚却并不承认的人——即 95%的人组成了真正的商品市场。后来，亨利·福特把这种思想浓缩为一句经典的话：如果你问人们需要什么样的汽车时，他们会说需要更快的马车。这是一句乔布斯经常引用的格言，只是他换成了一种说法：“人们并不清楚自己想要什么样的产品，直到你把产品摆在他们面前。”

乔布斯和亨利·福特的不同之处是，亨利·福特认为，价格便宜是最硬的道理，为了便宜就要提高效率，降低成本。而乔布斯认为，关键是要做出卓越的产品，然后以尽量高的价格销售，以获取最大的利益。

苹果并不像福特一样，执着地追求效率。在苹果的词典里，没有效率，只有效果。但是苹果公司竞争力的本质是通过特别精准的产品定位，在研发、采购、销售等所有环节丝丝入扣地策划，准确命中消费市场，客观上实现了极高的效率。

苹果直接按照他们认为正确的方式行事，打破了很多商业的“常理”。

◆ 业界认为做硬件不赚钱，将来要靠软件才能赚钱。苹果绝大多数收入都是卖“盒子”的收入。

◆ 业界认为要想赚钱，需要在研发上大量投入。苹果的研发费用很低，研发费用只占销售额的2.3%，与PC厂商的比例类似。它将大规模投入准则变成了精准投入。

◆ 业界认为电子消费品的重点是渠道，对电子消费品而言，终端销售被认为是低端工作，交给代理去做即可。苹果不甚重视渠道，主要靠运营商和直营店销售。苹果有6万名员工，其中60%多是在直营店销售产品的销售员。2011年年末，苹果在全球开设的363间直营店，平均每平方英尺①的销售额达到了6116美元，是百思买（Best Buy）的7.6倍。从这个角度看，苹果是一家高效率的沃尔玛。

◆ 业界认为消费电子应该用多款式、多品种覆盖市场，满足市场需求。通常，大型手机公司每年要出四五十款手机，而苹果公司每年几乎只出一款。苹果的其他产品种类也是能少则少，将减法做到极致。

①1平方英尺约等于0.0929平方米。——编者注

◆ 业界认为不同地区、年龄、文化等有不同的市场，苹果则认为没有细分市场，用乔布斯的话说就是“土耳其咖啡又怎么样，对年轻人来说全世界的咖啡都一个样”。

苹果产品价格较贵，售价基本上相当于同类商品的两倍，但却销量巨大。LV（路易·威登）的包也很贵，但是只有极个别的店面才会排队购买，绝大多数店面门可罗雀。中国有很多销量巨大的产品，售价却非常便宜，从手表到手机，基本上贴着边际成本①销售。任何一个人能做到售价高、销量大都会发大财，苹果为价格和销量这个跷跷板装上了直升马达，同时拥有两端。

苹果是怎样做到这一点的呢？

企业经营中的问题都有解，只是所有的解都此消彼长。要想销量大，必须产品种类多，而产品种类多，需要的管理成本、库存风险、研发成本就会上升。要想卖得贵，就不要指望销量大。诺基亚曾经做过一个奢侈手机品牌——Vertu（威图），该品牌手机少则三四万元一部，多则十几万元一部，价格远远高于苹果手机，但销量很小。要想出货量大，就要大打价格战，血洗市场，中国电子消费品已经多次上演这种戏码。小公司快速、高效、灵活，但是缺乏势力，销售的拷贝数量少。大公司具有规模优势，却难以避免地产生官僚主义，效率低下，反应缓慢，藏污纳垢，无效人员和无效劳动太多。

通常的企业都先解决一头，就像营销会议或者战略会议上经常讨论的：“我们是要市场占有率，还是保利润率？我们是要激进扩张还是稳扎稳打？”官僚领

①边际成本：每一单位新增生产的产品（或者购买的产品）带来的总成本的增量。——编者注

导面对这种问题，回答起来铿锵有力："我们都要！"可是谁能做到？解决了跷跷板的问题，就会让每个行动都非常有效，一个多余的动作和副作用都没有。

我们回顾一下苹果公司前几年的一个小故事。

因为苹果无与伦比的品牌号召力和营销能力，只要一款产品上市，就能吸引众多粉丝，销售火爆。2008 年的时候，并没有人怀疑这一点，但是也没有人预料到日后苹果会如此之火。在 iPhone 上市引起巨大销售浪潮时，时任诺基亚 CEO（首席执行官）的康培凯承认 iPhone 在设计上的确很出众，但认为苹果推出的 iPhone 手机只是一款小众产品，成不了大气候。他说："全球市场规模巨大，种类丰富，用户繁多。要想立足，至少要有 40 款产品来满足各种需求。"摩托罗拉、三星、索爱等手机巨头当时都公开表示了对于 iPhone 的不屑。

康培凯说得对不对？从传统的行业规律来看，是对的。

对于手机这种有多样性需求的商品而言，一款打天下是难以想象的。早在苹果之前，诺基亚也出过多款畅销机型，单款手机最高曾经达到 1 亿部的惊人销量，摩托罗拉的超薄刀锋手机销量也突破了 5000 万部，但这也改变不了手机依靠多款式覆盖不同需求的商业常识。产品是否能够准确地命中市场需求，往往像是掷骰子，但苹果做到了精确制导。

近 10 年，几个主要手机厂商每年都会推出新机型，诺基亚和摩托罗拉每年大约推 40 款，三星通常会接近 60 款，是大厂商中推出机型最多的。通过多机型形成对各个细分市场的覆盖，这符合人们的直觉，也符合经典的营销理论，同时也是竞争的需要，兵对兵，将对将。

通常的电子产品都要按照细分市场的规律去定义、研发和销售。康培凯的常识是，iPhone 就算再火，也不过是其中一款而已。换句话说，苹果最多就是在一个细分市场成功，暂时不可能威胁到诺基亚、三星等手机厂商；即使苹果也逐渐增加型号，形成一对一的竞争架构，不但来日方长，而且也会遇到其他厂商所遇到的问题。

日后证明，康培凯错了，经典营销理论也不适用了。更离奇的是，距离康培凯的判断已经6年了，苹果仍然坚持每次只推出一款手机。

苹果的成功让人们重新认识商业的法则，各种媒体的总结都少不了一条——极致思维，提供超乎用户想象的产品。

这个世界有两种不同的商业环境：紧缺经济和过剩经济。中国在改革开放前是典型的紧缺经济，从布料到粮食供应，从自行车到家用电器都稀缺。从工业品到民用品，商家只要把产品生产出来就很容易卖出去，所以，并不需要精品。现在，全球大多数区域、大多数行业都处于过剩经济环境之下，家用电器商城、服装市场、百货商店、超市到处都充满了过剩，在这种情况下，商业的法则是：你得有办法让顾客选择你。

苹果是过剩经济环境下的英雄，满大街都是各种各样的手机，用户偏要排队去购买价格昂贵的苹果手机。

过剩经济并非一夜之间冒出的新事物，最过剩的领域并非是多得不可胜数的手机，而是互联网提供的各种各样的应用和服务。软件和互联网服务这种无形产品符合经济学上一个原本只是假设的模型——生产这些产品的边际成本为零。互联网上的任何一个产品和服务理论上都可以服务于全球用户，且无须增加很多设备。

在互联网这种具有无限产能的环境下，要想让用户用限定的产品，应该怎么办？

免费？没问题，但还不够。经济学原理揭示，当一种产品处于充分竞争的环境下，它会按照边际成本出售，而互联网产品和服务边际成本为零，所以免费只是必需的。

除了免费，还要做到出类拔萃。

假定一个产品有价格，那么竞争对手就有以更低的成本、更低的价格进入市场的方法。这一条是中国经济发展30多年来最大的秘密。若一个产品免费，就堵死了低价竞争这种最常用的策略，要想进入市场，要么挖掘尚不存在的产品，也就是做原创性的创新，要么就要做出质量更加上乘的产品，别无他途。

互联网行业的人也许没有进行这样的理论推演，但大量的实践已经让他们认识到了这种极限生存法则。而这种极限生存法则一旦成功移植到环境相对良好的有形产品领域，便爆发出强大的竞争优势。

互联网的商业模式相当于开发一个免费的金矿，然后，在金矿周围开设专属小店卖一些饮料、零食、工具等以此赚钱。假设顾客只采金子，不买边上小店的产品，互联网公司就会一分钱都赚不到。比如，我经常使用Google的搜索引擎，却不点击屏幕边上的广告；经常使用免费的QQ聊天，却从不购买道具。

假设有人想出来办法，能够让顾客直接买金矿中的金子，其盈利势必非常可观。苹果就是这样的公司，它用互联网的极限生存法则参与有形产品行业的竞争，吸引了大量顾客。和互联网不同的是，每个顾客都为它贡献了可观的利润。

极限或者极致生存法，是一个大的理念和原则，还包括很多具体的操作原则，而这些原则均来源于多年浸淫充分竞争环境下的互联网行业。

苹果光产品好是没用的，它必须最大限度地让很多人认为它好。也就是说，它必须有特别的传播策略。传统公司通常只是通过广告传播自己的产品，而互联网产品通常需要不断发布报道、引起关注，以及口口相传。苹果借助了互联网传播的模式和规律，其营销效果明显高于其他公司。

互联网产品通常需要让用户上瘾，这样才具有"黏性"，用户才能不被竞争对手吸引过去。苹果则通过封闭系统、应用商店、服务器和客户端的结合等方式，尽量粘住用户。

这是一种铁粉经济。传统公司认为要想产品畅销，家喻户晓是最重要的，为了做到家喻户晓，电视广告、体育赞助、平面广告等综合传播手段是最重要的。但在极端过剩经济的背景下，家喻户晓是远远不够的，比如国美、苏宁电器等密集的店面已经做到了家喻户晓，但是，没有铁杆粉丝，顾客还是不会到你的商店购买产品。一个传统思维模式的手机公司注重的是知名度，而一个具有互联网思维模式的手机公司注重的是有多少铁杆粉丝会真正购买自己的产品。

苹果公司并非互联网公司，只是它的生存策略碰巧契合互联网极致化的生存法则。那么，互联网公司出身的人中也一定会有越来越多的人悟出这个秘密，传统行业面临着互联网思维模式的冲击和改造。

小米的实践

“金山完全不用学小米，小米今天做的就是20年前咱金山所做的事情。”2013年春季，北京小米科技有限责任公司（以下简称“小米”）CEO兼金山软件股份有限公司（以下简称“金山”）董事长雷军在金山的一次会议上说。

小米就是一家用互联网方式做传统手机产品的公司，从2011年8月16日第一款手机产品发布，到2013年的新一轮融资，小米公司的估值已经达到了100亿美元；2013年，其销售额超过300亿元，创造了公司成长的奇迹。

人们说，小米就是中国的苹果公司，雷军的做法也明显刻意模仿乔布斯。雷军自己则说，如果非要找一家类比的公司，小米更像亚马逊。

笔者非常认同雷军的说法，苹果只是启发了雷军——原来产品可以这样做！苹果之于小米是一个思想传播者，小米的蓝图则来源于其本来就有的互联网基因。

虽然，小米在形式上努力汲取苹果的成功做法，但是它一时半会儿拿不出最关键的东西——卓越的产品。

小米只能另辟蹊径，进行创新。

我们不妨回到两年前，看看当时手机行业的生存环境。大街小巷，大卖场、小商铺都摆满了手机，销量都不高，柜台上的手机很久才能卖出去一部。为了增加销量，往往选择进一步扩张营业面积，但这样一来，单位面积的销量进一步降低，而房租和人员开销却未减，最后谁都无利可图。整个行业维持很高的流通成本。

手机具有标准化程度较高、便于运输和存储等特点，大家都很容易想到可以通过网络销售手机，然而实施起来则非常难。多年来，网络平台销售手机都只占很小的市场份额。传统手机厂商非常依赖地面渠道，因为担心影响地面渠道，谁也不敢主推网络销售平台。类似的例子是，多年前，汉莎航空公司曾经尝试在网络上销售机票，结果地面代理集体抗议，汉莎不得不取消网络直销机票。因此，有的手机厂商虽在网络上有销售手机的页面，但怕影响地面的销售体系，网站上的价格甚至比实体店的还贵，网页只是装装样子而已。而新进入手机行业的公司也小心翼翼，不敢尝试网络销售，因为“起不来量”，大家只能按照原来的秩序开拓市场，进入已经十分拥挤的地面渠道。

低效率的平衡总有人试图打破。

2011 年 8 月 16 日，小米公司作为进入手机行业的新军，发布了一款手机：双核 1.5GHz CPU（中央处理器）、1GB RAM（随机存取存储器）、4G 手机内存，1930mAh 电池容量，4.0 寸854 × 480 高清夏普屏，零售价定为 1999 元。

当时，笔者在淘宝网上查了一下几款双核高端手机的配置和售价情况：

表 1–1　2011 年小米发布第一款手机时，同类机型对比

厂商	型号	CPU	屏幕	RAM	淘宝价
三星	Galaxy S2	1.2G 双核	4.3 800×400	1G	3800
HTC	Sensation	1.2G 双核	4.3 960×540	768M	3200
摩托罗拉	Atrix	1.0G 双核	4.0 960×540	1G	2800
LG	Optimus 3D	1.0G 双核	4.3 800×480	512M	2200
天语	天语 W806(阿里云)	1.0G 双核	3.8 800×480	1G	2000
小米	M1S	1.5G 双核	4.0 854×480	1G	1999

从参数和价格上看，小米手机是一款性价比颇为强悍的手机。小米通过最传统的方式——高性价比——吸引消费者。在传播方式上，尽量学习苹果，做到最大限度地吸引眼球，引起媒体连篇累牍地报道；在定位上，明确宣称它是为发烧友准备的手机，而发烧友正是网购潜力最大的群体。深思熟虑之后，通过这样几个相互配合的步骤做好万全的准备，一下子就引爆了流行。

电子行业有一个规律，有力的挑战者应该给用户 30%左右的价格折让。从定价看，小米手机基本上遵循了这个原则。表 1–1 列明了各个厂商的手机在淘宝网上的水货售价，这个价格已经比厂商宣称的定价低很多，是实际成交的较低价格。小米手机的价格可能相当于摩托罗拉、HTC 同等配置手机价格的 65%～70%，这是一个有竞争力的价格。

高性价比是引爆流行的重要因素，但还不够。小米公司又加上了另外几条：

◆ 全面通过自营网络销售。这不仅仅可以节约大量的成本以实现低价，同时，由于小米是第一家聚焦于网络销售、与粉丝在网站上互动的公司，吸引了大量免费的报道。如果想用传统广告方式引起同样的关注，即使投入销售额10%的广告费也做不到。这是传统公司思维模式和互联网思维模式的巨大差异。

◆ 努力宣传手机的零部件参数配置，像电脑营销机一样，宣传CPU、内存、显示屏等参数。这些参数原本存在于各个品牌的手机之中，而小米第一个努力宣传，就会成为一个媒体可报道的点。

小米并不是第一家大打价格战的公司，也不是第一家通过炒作引爆流行的手机公司。LG曾经凭借“巧克力手机”的概念大卖特卖，成为LG手机营销历史上最经典的案例；早期的TCL更是靠无厘头的钻石手机发财。这两款史上比较成功的手机都无实质性的竞争力，却获得了用户的青睐，从商业的角度说是非常成功的。

事易时移，小米的创新在于有机地结合了很多成功要素。

在中国，手机用户被忽悠了很多轮，再制造一些虚假的概念，用户就不容易上当了。同时，智能手机的计算机化、参数化已经是明显的趋势，这时，拼配置和参数就是正确的方式。虽然有人总是坚持说手机用不了那么高的配置，这句话兴许是没错的，从纯粹的效用看，很多消费品的特性和参数确实没用，但从营销的角度说，只要时兴就有用。

小米就是识时务者。它的手机有很高的配置和比较低廉的价格，小米是第一家像宣传计算机参数一样宣传手机参数的公司。媒体总是关注新鲜事，因为只有新鲜事才有“信息含量”，才有报道的价值。小米通过高配置、低价格抓住了媒体的眼球，赢得了舆论，这就等于赢了第一步。

人们总说价格战是最低俗的策略，实际上，价格战是最有效的商业策略。很多著名的企业都是通过价格战奠定了市场格局，价格战是商战中最强的对抗形式。定价是最关键的营销策划，最好的策划总是通过复杂、周密的逻辑得到一个很容易执行的简单结论，价格就是这个最重要的结论之一。

在手机行业，定价极为关键。小米发布第一款手机之前的一年，联想集团有限公司（以下简称“联想”）在美国的 CES（国际消费类电子产品展览会。全球最著名的消费电子展会，每年一次，通常公司的重量级产品都会选择在此展会上发布）2010 开幕之际，于 2010 年 1 月 7 日发布了一款全新的智能手机，取名“乐 Phone”，上市日期是 2010 年 5 月 11 日。他们高调推出这款手机，可谓精心策划，从产品的工艺、零件再到他们的产品发布，都看得出他们想打造一款王牌机。联想用尽了所有招法，对外预期销量为当年 100 万部（内部的实际估测更高），但实际上年终盘点只卖了 50 万部，据内部消息说，50 万部也是夸大了的，真实的销量只有 30 万部。

联想乐 Phone 从产品设计理念到产品发布会均明显模仿苹果，与小米相比，明显可以看出传统公司思维模式和互联网思维模式的区别：

◆ 小米通过很多形式上的创新，给媒体喂料，引起此起彼伏地报道，没花多少广告费，效果却好得多；联想则通过重金砸广告的方式传播产品，在乐 Phone 上投入的广告费用超过 2 亿元，按销量均摊，每部手机要背负 300 元以上的广告成本。

◆ 小米在自知无卓越产品的情况下，用一个较高的性价比吸引消费；联想在渠道、传播等没有创新的情况下，无法做到最高性价比。

◆ 小米通过网络、社区等与消费者互动，把手机做成了一个会说话的产品；而联想只是单向推销。

在理念正确的情况下，细节总是决定成败的关键因素。小米上市之前，笔者曾观察过表 1-1 中的几款中高端机型在淘宝网上的销售情况。上市都已经超过三个月，销售排名最好的三星 Galaxy S2，也只排在第 15 位。畅销的机型都是 2000 元以内的手机，这说明其价格还未降到街机热卖的价格区间，从这个角度来说，小米的 1999 元定价是很可能撼动市场的。

小米大打价格战的基础可以粗略地总结为节约三个 10%：网络销售节约下来的店面租金和促销员薪水约占销售额的 10%；创新的方式引起广泛的报道相当于免费广告，由此免去了 10%的广告成本；粉丝购买，以销定产，省 10%的库存成本。

小米手机之所以能够以比通常情况下低 25%～30%的价格销售，是因为它采取了非常规战法，放弃了地面店渠道。有些先知先觉的人已经看到地面店渠道的过时，新的进入者，尤其是规模不大的进入者绝不能再走老路了。但是，真要尝试抛弃传统渠道，用网络销售取代地面部队却不是容易的事。

我们再来看小米做出这种决策的背景。在商战中策略要根据环境因素进行调整，同样一个策略，只有在恰当的时机出炉才是好策略，否则可能是一个糟糕的策略。

从小米整个策划看，它很可能模仿魅族科技有限公司（以下简称"魅族"），后来被证实小米确实借鉴了魅族的做法。魅族从 2006 年开始进入手机行业，这家位于珠海的我行我素的公司酷似苹果，只是他们的野心比较小，偏安于珠海这座休闲城市。魅族进入手机行业比苹果还早一年，当时Google 的安卓系统尚未面世（安卓在 2007 年年底进入市场，2010 年已经成为智能手机的主要操作系统）。魅族的目标客户是忠诚度很高的粉丝，公司创始人黄章亲自耕耘魅族论坛，在魅族社区上和粉丝交流，通过多年辛勤而专注的耕耘，魅族已经有一片自己的小天地。魅族也没有发展传统的地面销售渠道，主要通过魅族论坛锁定客户（截至

2012年3月，魅族论坛已经超过250万注册会员)，通过直营店做细分市场，努力推动电子商务销售。

从做法上看，小米就是魅族的加强版。作为一家互联网公司，小米更知道怎样利用网络进行传播、扩散、销售。小米也像魅族一样，通过小米论坛（截至2014年2月，小米论坛共有1250万注册会员，每天大约发布40万个帖子）聚集人气，加强沟通。他们还提供安卓的优化版本，供持有其他适当型号智能手机的用户将自己的手机刷成小米操作系统。当论坛和刷机影响力达到一定程度时，小米推出了自己的手机，以超乎“米粉”[①]期望的价格通过网络直销。因为人气高、有一定知名度、价格较低，瞬间吸引了大批购买者。

作为一家新入行的厂商，手机上架不到三个月，销量超过了100万部。在海量手机市场，100万不是一个大数目，但如果考虑到小米只是一家刚刚入行的小公司，并且只用了三次销售就售出了这么多手机，绝对算得上是一个奇迹。

小米M1S上线之后，迅速销售了302601部（截至2011年12月17日）；2011年12月18日，预约限量发售10万台；2012年1月4日下午1点，第二轮购买正式开始，10万台小米M1S经三小时疯抢后售罄；2012年1月11日，小米又放出50万台手机。这一次发售与前两次相比有两点差异：此次开放购买，每人预付100元；成功购买后，赠送小米会员后盖一个。约35小时的抢购之后，50万台再次售罄！

小米能吃上网购手机的头啖汤，是它充分运用了高配置、低价格、论坛、引发媒体高度报道和关注等综合手段撬动了这个市场。从统计结果看，在小米以网售方式进入手机市场的2011年，网络销售手机还远不是主流，淘宝网2011年销售手机1000多万部，约占中国手机销售市场的5%，从短期的曲线看，也未显

①小米拥护者的自称。——编者注

示出增长迅速的趋势。每当笔者和手机公司探讨网络销售这个话题时，他们总是不感兴趣，说“没戏！在中国还得靠地面营销”。他们说的没错，经验和统计数据都摆在那里呢。

小米公司CEO雷军在解释小米的策略时，认为首先是专注，笔者相信这有以乔布斯为榜样的成分。雷军认为，手机行业是一个铁人三项运动，玩这个游戏需要软件、硬件和互联网三种武器，三个方面都要很过硬才能成为这个行业的玩家。通常的公司只擅长软件、硬件、互联网之中的一项，传统的手机行业强者擅长软件、硬件加上渠道，唯有小米是一家用互联网思维做手机的公司。

手机行业是一个巨大的行业，销售100万部手机所创造的营业额（20亿人民币），于服装、餐饮等行业的公司来说是一个庞大的数字，但放在手机行业却微不足道。以行业的标准衡量，小米现在还算不上一家已经成功的公司，但是，它确实是一家创造了奇迹的公司。小米的奇迹，说到底是效率提升的奇迹，它删除了这个行业效率最低的一个环节，以高效取代低效，实现了良性循环。

在开发上，小米也采用精英策略，M1S初始发布时，整个开发队伍只有50多人。如果一家公司每个环节都是高效运作的，它就更有资格打价格战，更有能力运用多种手段进行残酷的竞争。很多人认为低价的主要原因是低成本，利用低廉的劳动力干更多的活是低价的保障。这种观点越来越过时，随着中国劳动力成本的上升，低工资形成的价格优势正在逐步丧失。以手机行业为例，5年前，国产手机可以比国外品牌手机的售价低40%～50%，现在，同样的手机，售价想要降低20%都很困难。这时，必须找到新的方法降低成本，这个方法就是优化冗余环节，精兵简政，提升效率。

雷军自己的总结是七字诀——专注、极致、口碑、快。笔者以为，小米的核心竞争力是效率。智力领域的效率不像人均生产产品数量那样只有一项关键的衡量指标，除了人均生产量、编码数量、销售率这些数字之外，必须加上命中率一条。在经济中，命中率是市场对智力成果质量的检验。人均生产量和命中率是智力行业效率的关键，这种思维的要点会根据各种行业的特点推演出丰富多变的管理和操盘方案，最终转化成商业事实。思维模式将成为改变世界的力量。

（本文写于小米发布 M1S 不久，题目为“小米的超限战”，为了重现我在当时情况下的判断，只作了一些修改和补充，原意未动。）

微软为什么敌不过 Google?

2005 年，Google 以 5000 万美元收购了安迪·罗宾（Andy Rubin）创办的安卓公司，今天，安卓在智能手机操作系统的市场占有率已经接近 80%。最令人称奇的是，今天安卓的开发团队还不足 250 人，这是安卓持续免费，并且在未推广任何挣钱的商业模式背景下还能有所盈利的根本原因。

大约在 2009 年，安卓的市场占有率只有 5%，但增长强劲，已经有爆发之势。微软为了在这个极有潜力的市场中取得胜利，把 Windows Mobile（微软为移动设备开发的操作系统）的授权价降到了 15 美元以内。这么低的定价，微软要下很大的决心才能做到。当时全球的智能手机也不过就是 1 亿部左右，就算都装上 Windows Mobile，整个市场才 15 亿美元，用这点钱支持微软庞大的开发费用是不够的。

微软和 Google 的竞争表面上是收费软件和免费软件的竞争，实质上是产品模式和服务模式的竞争。产品免费、服务赚钱被认为是代表先进生产力的一种模式。要支撑这种模式可不容易，要想免费，产品的总成本务必要尽量降低，要想靠服务赚钱，产品扩散规模必须足够大。这种模式只能从少数人身上赚到钱，要想规模大，产品必须足够好，没有绝对竞争力的产品很难形成规模。

又好，又免费？没错，必须二者兼得才可以成为赢家。大多数情况下，免费比收费对产品质量的要求更高，因为没有办法通过价格区隔，只能诉诸质量。免费模式塑造了一种高效率运营模式，免费公司必须用远高于常规的效率开发出产品，才可以最快地引领市场需求，不断地改进产品。

微软和 Google 的对比非常明显。微软的大部分作战法是过去工业时代管理方式的延续，它像其他行业的厂商一样，按份销售产品，当市场接近饱和时，再推出新的版本，让用户更新换代，重复销售。而 Google 的方法则是“以一当百”模式，做同样一件事，Google 只用微软 1/10、1/100 的人。Google 的规模虽然已经很大，年销售收入超过 500 亿美元，是一个标准的大公司，然而 Google 的可贵之处是它仍然保持小公司高效的特点。2012 年年底，Google 共有 53861 名员工，其中研发人员 19746 名，销售人员 15306 名，行政管理人员 6214 名，运维人员 12595 名，人均营业额近 100 万美元。如果考虑到 Google 只是一个软件服务公司，几乎不需要向上游采购原材料，其效率更是惊人。作为对比，IBM 也是一家以服务为主的公司，它创造了 1000 亿美元的收入用了 43 万员工，人均收入不及 Google 的 1/4。事实上，Google 大部分人员从事根本没有收入的前沿研发，与其收入直接相关的只是一小部分人。

在 Google 收购安卓之前有一个段子。安迪找到了三星，目的是说服三星用安卓作为智能机的操作系统。三星说，别逗了，你只有 8 个人开发这个操作系统，而我有 2000 人，就算我这里都是笨蛋也不可能开发得比你差。事实当然已经证明，三星的 2000 人确实不如安迪·罗宾的 8 个人。

很多人都知道上述故事，但是大多数人将其轻描淡写地解读成精英策略和人海战术的区别。人们认为在特定的领域，例如操作系统，需要高精尖的人才，人海战术是没有用的。

将其归结为精英策略和人海战术的区别是一种误读。微软那么有钱，雇用的都是名校的聪明人，怎么可能都是一堆笨蛋呢？三星在韩国具有垄断地位，全韩国最顶尖的人才恨不得都为三星所用，三星的雇员也绝对不是庸人。

问题出在大家对这个世界的不同看法上面。我们可以设想这样的一个场景，假如当年微软或者 IBM 收购了安卓会怎样呢？肯定是招兵买马，大肆扩充团队，这是它们传统的运作方式，曾经以此取得了巨大的成功，这成为没有人怀疑的路径。

任何事物在进化上大多遵循路径依赖法则，这是指一旦在某个节点上选择了一种方式，以后就会按着这种方式进化。比如，中国古代建筑几乎都是木结构的，而西方建筑都是石制的。

安卓的前身是 Linux 操作系统，它较早期的版本是由芬兰的天才程序员林纳斯·托瓦兹（Linus Torvalds）一人所编。Google 此前的搜索引擎等也是由少量人马开发的风靡全球的产品。顺理成章，安卓能少用人就尽量少用，这是 Google 的原则，所以即使其产品已经占领了全球，而团队却只有 200 多人。

又有人说，微软早期也是凭比尔·盖茨和保罗·艾伦两个人编程序，为什么后来就变了呢？原因在于公司的进化途径不同。盖茨早年编制的程序很快就挣了大把钞票，为后期成长提供了资金保障，加上人多总比人少更好，这样下去自然而然就进化成多人数作战模式了。而 Google 是免费的，在成长期，它承担不了那么多的费用，能省则省，于是总是在寻找更有效率的开发模式，更有效率的运营模式，从而形成了另外一种传统。

不同进化途径最终会形成公司不同的风格和习性。在微软看来，Google 的免费模式无法长期运作下去，它的逻辑是免费就不能大规模投入，不能大规模投入产品就缺乏竞争力，缺乏竞争力很快就会死掉。早期，它这样判断 Linux；前几年，则是用同样的逻辑看待 Google。一直到 2010 年，安卓已经过了盈亏平衡线，微软还在重复一句话“How to make money（怎样赚钱）”。明明已经大大落后于竞争对手，微软仍不肯换一个角度看世界。

现在，互联网公司和传统产品公司进入了同样的领域，微软多次试图提供综合的互联网服务，Google 也几乎涉及了微软涉及的所有领域。其他一些产品公司也试图提供基于网络的服务。二者的区别是，互联网公司总是能用更少的人员干更多的活，传统公司则更注重流程、规划等，一个像游骑兵，一个像古代的步兵方阵。

互联网公司和传统公司相比，效率更高的原因是互联网在发展初期必须走精英模式，必须长期忍受免费，必须有更精准的定位，这些特点都会形成高效率。

安卓和小米的成就，以传统观念来看，是难以想象的。这种模式的本质就是大幅度提高智力劳动效率。

高效模式有其生长的土壤，现在与 10 年前、20 年前相比，商业环境最大的变化是产品扩散成本的迅速降低，谁在这种商业环境中成长，并且最佳地利用这个优势，谁就是这个时代的王者。以产品类型看，苹果和小米提供的都是传统产品，但是，它们深刻理解了现在的商业环境，抛弃过时的传统，用最高效的方式运营，最终脱颖而出，成为人们谈论的焦点。所以，重点并非在于做什么行当，而在于怎么做。

我们疏理一下微软的成长史和商业环境的关系。微软发家的时代，网络还不发达，软件还要一套一套卖，销售的边际成本是很高的，所以，要扩展公司规模必然要增加很多人手。起初回笼的大量资金，又促进了不计成本的研发投入，循环往复。Google 发家时，计算机和网络的普及率已经很高，产品扩散不再需要地面部队，充分竞争使得只卖产品失去了可能性，产品要靠"好"来赢得市场，通过为海量的客户服务赚取少量金钱，所以它成为一家高效的公司。同样的道理，诺基亚发家靠的是地面部队，当然耗人耗力，需要大规模集团军作战。而小米则省掉了所有——雷军说："安卓不到 250 人的开发团队，其产品在全球的市场占有率可以高达57%，为什么我少量的人不能做一个二次开发?”于是，他们抓住了这个新时代的本质，把旧时代认为必要的部件都严格审查了一遍，将冗余成分全部砍掉，全面向安卓学习。一款不到100人开发、风靡中国的手机诞生了。

有一些人零星地研究过互联网公司为什么高效，下面是雷锋网曾经发表过的一篇文章。

◆ 从硅谷的历史来看，让人感到神奇的是这片土地总能爆发出一些资本高效运作而且经营规模庞大的公司。它们当中很多都是从三五人的创业团队发展起来，并成功撼动了整个行业的。一些传统的公司，比如说Zappos①，它的一个工程师大概只能应付3400个用户的需求。而像Facebook、Instagram和Pinterest这种类型的公司，每个独立的工程师都能应付10万以上的用户需求，由此可见他们员工的生产力是多么惊人！

◆ 面对极其严苛的生存挑战，互联网公司都要追求极致的效率，互联网不仅是一种技术，更是一种独特的生存和思维模式。16个人的公司，有3000万客户，即便这些客户都是不需要服务的客户，工作量仍然是惊人的——不久前被Facebook以10亿美元收购的Instagram就是这种公司。

◆ Instagram创始人麦克·克瑞格（Mike Krieger）认为，互联网公司高效运作有4个秘密：

---

①Zappos是一家美国的在线鞋子零售商，下文的Facebook、Instagram、Pinterest均属于社交类网站或应用。——编者注

◆ 自主、透明和开放的企业文化

对于传统的公司来说，如果经理在信息、任务和目标等方面跟下属沟通不足，就会拖累整个团队，甚至导致项目失败。为了避免这种弊端，公司管理者会建立一个自主、透明和开放的文化，也就是说，每个员工都有获得信息和做出决策的权利。

比如说，Facebook 联合创始人达斯廷·莫斯科维茨（Dustin Moskovitz）开发了一款突出的任务管理应用程序 Asana。这款软件可以让公司的员工看到内部所有人的项目和目标，从而增加了公司的透明度。他也希望硅谷的其他公司都能按照类似的方式来运作。

◆ 为自己打造专属的工具，想办法让自己更有效率

每个伟大的工程师都会创造出自己专属的工具来提高生产效率。换句话说，如果你跟别人使用的是相同的工具，大多数情况下自己的效率不会超越别人。

在硅谷里，公司的内部工具可谓生产神器。除非辞职的员工泄漏出去，不然其他公司根本无法接触得到。举个例子，在 Google 爆炸性增长阶段，软件工程师拉里·施密尔（Larry Schwimmer）被辞退，结果他开发的 Snippets（提高管理团队生产力的系统）也随着他的离职而在整个硅谷传开。

◆ 自动化和可伸缩性

Quora（一个社交问答网站）软件工程师埃德蒙·刘（Edmond Lau）称自动化是工程师的文化。自动化的程度越高，员工就可以完成更多的事。自动化和可伸缩性跟硅谷的透明性、自主性和 DIY（Do It Yourself，自己动手做）等价值观不谋而合，前者就是后者的延伸。随着这种观念的普及，中层管理似乎变得不再那么重要。

在其他行业，工作可以通过创建流程和制定协议来保证组织工作高效

运行。而技术公司的独特之处就是通过研究流程，把员工从一些高负荷的机械性工作中释放出来。很多硅谷科技创业公司就是通过这个手段来提高公司的生产效率，从而扩大运营规模。

◆ **乐趣很重要**

“在工作中享受乐趣”是硅谷公司保持惊人竞争力的源泉。所谓的生产力就是每天朝着一个有意义的目标精心策划，从中获得喜悦和满足。哈佛商学院的教授特雷莎·阿马比尔（Teresa Amabile）指出，享受工作凌驾于其他一切之上，因为它为内心提供了强大的动力。硅谷大部分公司的文化和高效的生产力很大程度上来源于他们对工作的享受。

（摘选自雷锋网《创始人爆料：高效生产力的四个秘密》，2012 年 6 月 2 日）

高效公司的崛起不限于互联网行业和手机行业，很多智力密集型的行业都出现了一些新明星，它们的共同特点就是高效率。锐迪科微电子（上海）有限公司（2013 年年末被清华紫光收购）是一家芯片公司，2011 年销售额已达到 3 亿美元，可是总员工数只有约 250 人。该公司在追求销售额增长的情况下，努力控制人均效率。这样的公司，什么样的价格战都不怕，它只会成为猎人，不会成为猎物。

高效公司并不神秘，安卓和小米的这种“以一当百”的模式对于很多公司并不陌生，早期创业者没人、没钱，只有高效开发、高效运作才能挺过初创期。只是后来挣钱了，缺乏 Google 这种免费模式下的进化压力，公司自然会像微软一样走上大工业化这种通常路线。

跨界搅乱了原有的秩序与格局。在一些领域，比如手机，比如互联网，比如芯片开发，一些公司已经证明以一当百完全有可能实现，而且可以持续提供低成本、高质量的产品。用不了几年，人们就会发现，传统公司根本没有办法和它们竞争，传统公司习惯于部署大规模地面部队的方式，这种方式在一些特定的领域已经过时，但绝大多数人并没有看到这个趋势。为了生存，传统公司务必要迅速检查一下在各个领域的配置思路，砍掉冗余，否则就只有死路一条。

对于冷兵器时代的战争来说，人数是很关键的。现在很多行业正在发生翻天覆地的变化，人数已经成为累赘，劳动生产率面临新一轮大幅度提升。产品扩散比过去要容易许多，关键是要好，如果能做出一款好产品——不管是1000人做的，还是10个人做的，消费者并不关心——它都可能风靡全球。网络销售是其中的一种力量，但不是唯一的力量。像锐迪科这样的公司，还是通过传统的代理渠道销售芯片，只要产品有竞争力，一个销售员的年销售达到几千万美元也不是神话。开源等各种途径也成了提高研发效率的利器，公司用最精英的部队整合许多资源，效率当然很高。

有人说：“我们也想‘以一当百’，可我们到哪里去找这样的人啊？”这种认识是错误的，拿大价钱到外面去挖“高手”是一个错误的方向。公司的导向和观念不做出改变，只是花大价钱挖高手，就只是装装样子，不但不可能使自己成为高效公司，而且还会因背上沉重负担、分配不合理而进一步沦为一个效率更低的公司。

什么是互联网思维模式?

经商的难题在于解决竞争问题。市场经济下，各行各业都趋于过剩，交通运输、信息系统的发展又让经济体失去了区域性的壁垒，竞争范围不断扩大。所有便于运输、储存的产品都有全国化、全球化流动的趋势，即使是传统上服务于区域的服务业，其竞争范围也在扩大。沃尔玛的竞争对手不再只是附近的家乐福和便利店，还有网上商城。即便是饭馆这种很极端的具有区域性质的服务行业，它的目标客户的范围也比过去扩大了许多，人们可以开车去10多公里外的饭馆吃一次特别的晚餐。

互联网行业天然就是一个供应极度过剩、完全没有地理范围限制的行业。互联网各种各样的应用寄生于电信运营商铺设好的网络之上，只要用户知晓、用户喜欢，瞬间就可以传遍全球。用不了几年，语言和文字也不再是障碍，机器可以将各种内容和语言自动翻译成用户常用的语言，而且质量尚可。

没有壁垒导致充分竞争，所以互联网产品按边际成本出售，就是免费。无壁垒、免费的后果是胜者通吃。传统行业可以在一个区域内存在，就像每个地区都有自己的晚报、日报，但网络就很难支持这种生存模式。要想生存就必须创造新品类的应用，所以互联网是一个创新压力极大的行业。

很显然，在这样一种极端环境下生存的人，更适应日趋激烈的竞争环境。有人观察到，互联网思维的一个特点就是喜欢免费。如果用互联网思维做无形产品，他们会认为通过免费的方式扩大受众面是很自然的事。比如，一个传统的歌手希望他的唱片卖钱，于是疯狂地反对盗版；一个互联网歌手认为本该免费提供，不存在盗版问题，免费传播得越多，通过现场演唱会就可以赚越多的钱。像雷军这种从事有形物体行业的互联网人，也尽量以贴近边际成本的价格销售产品。例如，小米2013年年中发布的一款定价为799元的红米手机，据业内人士测算，其制造成本约为740～760元，但由于产品供不应求，网络上的价格被炒到了1200元左右。互联网公司的惯性思维正是追求极端的传播效率。

互联网企业在免费的情况下尚且要活下去，如果它能赚点钱，岂不是活得很好？当传统行业竞争加剧，利润变薄之时，行业内的传统企业是由奢入俭，而由互联网行业进入传统行业的企业则是由俭入奢，一个难，一个易。微软和Google在手机操作系统上的较量典型地体现了这种差异。微软在PC机上的Windows

(微软公司制作和研发的操作系统) 本来就是通过低价、开放的方式革别人的命搞起来的，Windows 与它之前的竞争性产品相比，是非常便宜的。而 Google 采用互联网思维模式，以免费代替低价，以开源代替开放，把竞争模式推到了极致，传统模式就吃不消了。

产品的特殊性导致的免费大战是互联网模式的本源。为了应对这种生存环境的挑战，互联网模式还演化出一系列的特性。

◆ **对创新和极致的追求**。没法通过价格战竞争，只能把产品做得非常特别，我有人无，人有我优。这样的行业是创新压力最大的行业。

◆ **对效率的追求**。免费模式是一种典型的规模经济，先发优势往往非常重要，一旦出现机会点，必须要争分夺秒地扑上去。互联网业务在相当长的一段时间内没有收入，必须勒紧腰带过日子。在各种压力之下，互联网公司必须追求很高的智力劳动效率。

◆ **去繁文缛节**。传统公司靠层级维持秩序，是一种典型的官僚组织。为了维持这样的秩序，需要很多的繁文缛节。但因为对效率的追求，互联网公司的运作方式都很直接，比如，传统公司上一个项目通常要经过复杂的审批流程，而互联网公司则说干就干。

◆ **解放基层生产力**。传统公司是行政导向型公司，官职大小很重要，等级森严，部门的高度高不过部门经理的高度，基层员工的智力资源被压制，潜在的生产力发挥不出来。互联网公司尽量解放每一位员工的生产力，即使是那些看起来对创造性和主观能动性要求较低的岗位，互联网公司也不倾向于把员工当成螺丝钉。解放每个员工的生产力是互联网思维的一个信条。

互联网行业从开始就是一个智力密集型行业，它不涉及有形物品制造。互联网服务和传统服务也有重大区别，传统服务行业通常靠人与人的接触，而互联网则是机器对人的服务。

互联网公司通常都不是传统公司分化出来的产物，而是满怀激情的创业者带着理想主义的产物，它是一个纯粹的、为智力型公司设计的体系。当比较传统公司和互联网公司时，我们随时都会看到二者巨大的差异。

传统公司的拓展模式

传统公司是工业时代的延伸品，智力是制造的附件，流程是流水线的变种。传统公司没有真正的智力自信，它们都相信工业时代的法则，规模、控制、秩序是王道。

不断尝试，不断适应，希望能够“积跬步，至千里”是非常典型的传统做法。传统行业的思维模式，致使他们通常没有信心、没有勇气去尝试酣畅淋漓的胜利。

传统行业公司扩张时，都采取摸着石头过河的方法，缺乏对行业本质和市场的深刻思考。实践是它们唯一取得认知的方法，它们的思维方式是跟踪、模仿、试错、超越。

在传统公司看来，完美的策划是不可能的，只能缓慢取胜，一个个去试，不断改进。所以，实际上传统思维模式已经放弃了对战略的追求，运气加执行是传统公司成败的关键。

一些前卫的传统公司也希望利用互联网时代的工具进行促销、传播，但通常只是尝试，缺乏规划和重点投入，也缺乏勇气。餐饮行业通过团购网卖优惠券，或者建一个微信账号，让顾客关注，但其内容从不更新。手机行业的传统公司只是尝试给京东和天猫等电商销售平台提供一些货源，任其自生自灭。

互联网行业出身的人和从事传统行业的人本没有什么不同，但是，如果他们认为二者之间有差异，然后向着各自原本的方向努力，最后的结果就大不相同。

心理学上的皮革马利翁效应，也叫“期待效应”，意思是结果往往与当初设定的期待有关。假定有两个基因完全相同的人，一个出生在肯尼亚，因为这个国家盛产长跑运动员，他认为自己很可能有长跑天赋，天天挖掘这种天赋，最后真的成了世界冠军。另外一个出生于英国，他自然不会认为自己是一块长跑的料，于是，他不可能主动去挖掘自己的长跑天赋，也就不可能成为长跑运动员。

这是出生决定论故事的另外一个版本。传统行业认为无新可创，不可能有什么新颖的方法撬动一个非常成熟的行业。传统行业多年的创新沉寂，让人们自然而然地放弃了想象。而互联网行业通过不断创新和完美策划创造奇迹。不同的行业背景就这样塑造了不同的思维方式，思维方式决定行动方式，而行动决定了结果。

互联网思维如何改变传统行业？

很显然，并非所有的互联网公司都能成功进入传统行业，互联网公司的竞争优势要发挥出来，也不是那么简单的。

以手机行业为例，众多的互联网公司都曾经尝试进入这个蓬勃发展的行业，最后，也只有小米一家成功，其他公司要么浅尝辄止，要么铩羽而归。

每个行业都有特别的本质和竞争要素，这些本质和要素构成了行业间的壁垒，让公司在行业间的扩展变得很困难。更为关键的是，行业的本质和竞争要素很难用明白的语言文字描述，当擅长做PC的联想进入手机行业时，联想无法清晰地描述PC和手机二者之间的差异，虽然它们都是电子产品，生产都实行外包，可以摆在同样的店面销售。由于各行各业都是过于饱和的行业，每个生态位都充满着疯狂的竞争，细微的差别就决定了无法跨越行业的生态位置。

互联网公司虽然具有一些理念方面的优势以及运作方面的先进性，要想成功扩张，也必须小心翼翼地领悟其欲进入行业的特性。

传统公司也有机会用互联网理念改造自身，用互联网的做法提升自己的效率。但大多数相关行业都只是意识到互联网带来的冲击，却没有全面考虑应对之策。互联网被传统公司当作一件普通的、可有可无、不甚重视的工具。例如，大多数公司都开设了自己的网站，都开始在网络上销售产品。可是，很少有人理解网络竞争的残酷性，大多数公司的网络宣传和销售形同虚设。

把互联网仅仅看作一种工具是很难体会互联网的作用和威力的。特别的生存环境造就了特别的思维模式，一旦这些模式富有竞争力，不可避免地会延伸到其他行业。

具有影响力的流水线是从福特汽车公司开始的，在汽车行业取得成功之后，流水线、自动化的思想迅速蔓延到绝大部分工业领域。多产品、事业部是从通用汽车公司和杜邦公司开始的，取得成功之后蔓延到许多行业，成了大公司扩张和管理的标准模式。

互联网作为新兴热点行业已经有十几年的历史。它不仅仅是一种替代性的竞争方式，例如，在网络上销售产品取代在实体店销售；也不仅仅是一种工具，例如，在互联网上做广告，和顾客沟通等。它会重组很多产业，例如互联网销售会消灭实体的营业网点，在如何利用网络吸引目标顾客、如何更好地提供用户的体验上下足功夫。在互联网模式下的推销和传统的广播式的广告也有巨大的差异，洗脑、生硬的灌输已经不能赢得顾客，用更真实、更亲切的互动赢得顾客成为一种新型的营销方式。互联网不像是购买一台新式机床或者生产线那么单纯，它的影响是多方面的，比如，公司必须有与之相适应的组织结构和管理理念才能更好地运营，传统的金字塔模式很难在互联网上结出硕果。正如吉姆·科林斯在《基业长青》这本书中说："CEO、经理人和创业家在构建伟大公司时，最重要的步骤之一不是行动，而是改变观念。转变思想的重要性不亚于牛顿革命、达尔文革命和美国立国思想。"

互联网的思维方式和管理方式也必将波及许许多多的传统行业。现实中将互联网行业经验引入传统产业的案例并不多，无论在理论上还是案例上，都缺乏足够的准备和说服力。这符合影响力扩散的规律，一种新兴的"大发明"出现时，其影响总是从最直接、最邻近的地方开始，然后扩散到很多起初意想不到的领域。古登堡发明的活字印刷，最初只影响了以抄写为业的僧侣，而后出现了出版行业，最终让更多的人获取知识和信息，从而改变了社会结构。汽车起初只是代替马车的工具，最后，它使城市范围扩大，改变了人类的分布。而互联网行业的影响力正在由直接影响向间接影响转变，思维方式的改革很可能是下一波浪潮。

02

低效劳动

德鲁克认为，自从泰勒的《科学管理原理》于 1911 年面世以来，体力劳动的效率每年提升 3.5%，在起初的十几年，劳动效率每年的提升率更是达到了惊人的 10%，整个 20 世纪，体力劳动者的效率提高了 50 倍。新发明、新工具、管理学等都对体力劳动效率的提升作出了贡献。不过，他估计在过去 70 年里，一些知识工作者的劳动效率不但没有提升，反而有所下降。因此，21 世纪管理面临的最大的挑战是如何提升知识工作者的效率。①

“知识工作”或者叫“智力工作”有提升效率的空间吗？为什么在过去的整整一个世纪智力工作的效率都无法提升？德鲁克没有回答这样的疑问。德鲁克解释说，《21 世纪的管理挑战》论述重点在于提出问题，而不是勉强给出答案。

在研究高效之前，要先把低效的原因尽量考察清楚。就像泰勒一样，他是从搬铁块这种看起来最不可能提升效率的工种开始研究的，通过细致的观察和各种试验，把多余的动作剔除，把所有的因素优化，从而找到科学的搬砖方法。

---

①见克雷纳《管理百年》和德鲁克《21 世纪的管理挑战》。

怎样认识效率

当每个人说效率时，大家通常明白他指的是什么。不同的场合，效率的含义有一些差异。如果一个人干活太慢，人们会说他工作效率太低；做某件事对目标没有帮助，人们会说这是无效劳动；一个冗长的扯皮会议，人们说开会效率太低……

本书中，我们所说的效率是指有效产出，有效创利。尤其是同一行业的公司，效率具有可比性。Google 和百度同做搜索，前者的人均销售额是后者的 5 倍，我们就可以简单认为前者的效率是后者的 5 倍。

我们回到第一章提供的图 1－1。在纯利、毛利、销售额等几个主要经营指标中，我们以人均销售额作为衡量效率的第一指标。因为销售额就是产量，这个指标就像体力劳动者每天运送多少铁块，每天制造多少个零件一样明显、有效。

从这张图中，我们可以解析出很多信息。首先，我们看看怎样理解人均销售额，它通常遵从这样几个规律：

◆ 低毛利的行业如 PC 行业通常有比较高的人均销售额，高毛利行业人均销售额通常较低。此外，PC 行业就是靠高人均销售额生存。行业之间如果具有可流动性，则每个公司为每个员工支付大致相同的成本，因为低收入的公司员工必然向高收入公司流动。高毛利和低毛利行业的人员若可以流动，人均毛利也将相似。例如，联想以销售低毛利的 PC 产品为主，2013 年销售额为 340 亿美元，共有35000 名员工，人均销售额约为 100 万美元。华为销售高毛利的电信设备为主，2013 年销售额近 400 亿美元，公司有15万名员工，人均销售额只有27万美元。但若论人均毛利，则两个公司基本持平。

◆ 不同的商业模式在用人多寡上有巨大的差别。Acer（宏碁）由于采取了独特的“凡是代理可做的，Acer绝不参与”策略，使其具有极高的人均销售额。Acer整个公司不到8000人，研发只有500多人，却支撑了一个销售额超过200亿美元、每年推出数十种计算机的企业。联想是“代理加直销”模式。联想的人均产值只有宏碁的三分之一多一点，但他们涉及的产业环节多，会从产业链上获取更多的利润。

◆ 高毛利行业如软件、ISP（互联网服务提供商）和咨询业的人均销售额较低，因为这些行业几乎不需要向上游购买原材料，收入除去人员工资支付和一些运营管理成本就是利润。IBM、惠普、百度、腾讯就是这样的企业，其实它们都属于服务业，成本几乎只有人员支出。

◆ 在地区分布上，一般来说，位于较为贫穷国家的公司人均销售额也比较低。虽然这些国家人力成本较低，企业可以维持低生态位运营，但这些国家的市场厚度不够，不论是消费品还是工业品，企业订单相对稀薄，销售额也比较小。早期，思科在中国按照美国销售员的人均销量配置资源，但由于中国企业采购额小，每个销售员得要负责更多的企业客户，如此一来，跟踪客户的深度不够，给竞争者进入留下空间。

通常公司不甚在意人均销售额、人均毛利之类的指标，经营者更关心总业绩和总利润。人数不是问题，经营者只要认为有利可图，就会投入兵力。企业家总是倾向扩张企业，而不是追求更高的人均效益，只要雇用员工还能获得边际收益，甚至只要公司经营良好，总希望雇用更多的人开辟更多的战场，而低效的、挣钱艰难的公司则通常是人手紧张。

一个成熟的行业，一个运营多年的公司，人均指标具有一定的稳定性，公司通常按照经验管理人均指标，除非有人去改变游戏规则。在戴尔实行直销模式之前，PC 的毛利也像大型计算机一样高，人均销售额则比较低。戴尔改变了这个规则，提升人均效率，降低了售价，行业规则从此逐渐改变。现在，亚马逊又开始改变图书出版行业的游戏规则，按照他们的做法，可以将效率提高到传统做法的 10 倍以上。如果这是一个成功的改进，短期内会给亚马逊带来不少利润，几年后，这种方法将会扩展到整个行业。

有人说，既然高毛利行业人均销售额较低，低毛利行业人均销售额较高，干脆用人均毛利作为衡量效率的第一指标如何？这种方法便于进行横向比较，但不够直观，因每个公司计算毛利的方法差异较大，这也会导致误差。但是，人均销售额的变化常常不知不觉地决定公司的成败，当某个公司、某个行业开始变化时，人均销售额也会相应地变化。

在智力劳动中，画图纸的和编程序的该如何比较？汽车销售员和搜索关键字的销售员如何比较？如果过分强调不可比较的一面，就只能在同行中学习和“对标”，无法从其他行业中汲取灵感。

从另外一个角度看，假定不同的行业和工种之间比较抽象的效率也是可以比较的，我们便可以研究一名汽车设计工程师和一名程序员的效率差异。我们会从不同的组织方式和思考方式上大致判断其效率优劣。在小米公司看来，传统手机的销售方式和设计流程是效率低下的，所以它采用了新的方式设计、销售手机。在特斯拉看来传统汽车太过于注重“机械”，而他们非常注重电子在汽车中的重要性，所以就设计出不同的汽车。使用先进工具和先进工作方法的工种会感觉到使用原始工具和原始工作方法的工作效率低下。使用自动化编程工具的程序员会比手工绘图的机械工程师有更高的效率。同样，互联网的产品开发方式比传统工作方式更有效率。

不同行业之间潜在的效率差异，最终会导致跨界竞争。如支付宝原本只是解决在淘宝网上购买商品时如何支付的问题，后来却发现，做银行业务也许能比现有银行更好、更高效，于是，支付宝进入了银行业。OTT（互联网服务提供商）发现自己提供的电信服务效率远高于传统电信运营商的服务方式，这种情况导致的行业流动和入侵不可避免。

Google 是一家互联网服务提供商，但它也在探索进入电信运营的途径。在过去，Google 做服务，微软卖产品，本来是井水不犯河水，可是前者有更高的效率，它就比较容易入侵后者的领地，而后者的效率低下，很难侵蚀前者的业务。

不向先进的行业学习，就可能被先进的行业挤出市场。

公司总是遇到增配人力资源还是确保人均销售额这样的选择问题。激进的企业家往往希望在业务模式未明确、增长潜力不明显时，通过配置大量的兵力解决做大的问题，结果却越搞越乱，企业很快因消化不良而死。业务疯狂增长期，人均效率要低一些。如果人均销售额很高，业务增长很快，说明人力资源配置不足，没有把增长的潜力完全发挥出来，会错失发展机遇。

效率就像体育比赛的节奏，节奏乱套往往是失败的征兆。有洞察力的领导总是能够通过效率这种比较简单的指标指挥公司收放自如；愚蠢的领导者看不出这些简单数字背后的问题，要么激进地撞墙而亡，要么坐失良机。

对于同样的劳动，比如编写计算机软件，不同的公司也存在着不同的效率。不同的公司做相似的产品，需要的劳动力存在显著的差异，在互联网公司和传统 IT 公司均有工作经验的人很容易感受到二者显著的区别。互联网公司快捷、灵活，传统公司讲究流程和规范，开发产品周期和投入的兵力比互联网公司要多得多。几个有双重工作经历的人告诉我，做同样一款产品，传统 IT 公司在论证阶段的人力投入，就已经大于互联网公司把产品开发出来的人力投入。

不过，企业经营活动是把各种因素综合起来的结果，即便是街头的包子铺，其竞争力也不仅仅取决于员工包包子的速度，所以效率差异不容易被人们发现。以包子铺而言，不仅要包得快，还要顾客接受，卖得快。也就是说，必须解决命中率的问题。所以，命中率也是效率的一个重要指标，而且在所有商品都相当过剩的情况下，命中率是尤其重要的效率指标。

智力劳动的效率低下的原因

一个世纪以来，体力劳动效率突飞猛进，智力劳动效率却很难改善。因为无形的智力劳动有一些特殊的性质。

难以衡量

有人认为德鲁克说的不对，智力劳动的效率也在提高。毕竟德鲁克也没有办法证明智力劳动的效率，因为智力劳动是难以衡量的。

管理学有句常说的话，叫作“不能量化的，就是不能控制的”。与体力劳动相比，智力工作是难以量化的。松下幸之助说过，我可以要求流水线上的工人每天生产几个零件，却无法要求设计人员多长时间交出一个好的创意。

虽然在实际管理中，各行各业的智力工作都尽量规定量化管理的指标：程序员可以量化为写多少行程序；项目申请者要在成果和费用之间做出一个估算；记者每天要撰写多少字的稿件；销售员每个月要完成多少次的客户拜访；制图员要画多少张图纸……但是，你无法对其产出的质量进行有效的衡量。图纸或者创意可能价值连城，如 iPhone 的设计图纸；也可能一文不值，甚至产生巨大的负价值，大量卖不出去的产品就是例证。程序员写的漏洞百出的垃圾代码很可能给后续工作带来巨大的灾难。所以对智力劳动的强制量化是不得已的劣等管理方法。

难以衡量导致两个后果。第一，很难在多份提案中择优而选。比如，产品设计规划有多种方案，公司的经营策略也会有多种选择，这些都无法挑出最优的方案，古今皆然，纵然是决定生死之战，也没有办法选出最好的将军指挥战役。

难以物化

弗雷德里克·温斯洛·泰勒，是我在中学课本上学过的一个反面人物，他在西方也饱受批评。所有批判直指一个核心——泰勒把人看成了机器。批判者认为他的理论忽略了人是有感情、有需求的，认为泰勒把效率置于道德伦理之上。

实际上，整个20世纪的管理理论多是哗众取宠流行一时而已，唯有泰勒的方法实实在在地提高了生产力。

泰勒方法最核心的一条，就如他的批判者认为的那样：将人物化。生产线上的人通过最精简的动作、最有效的方法保质保量地完成工作。泰勒要求人最好像机器一样准确，这是提高劳动效率的核心思想。

但对于智力工作，迄今无人找到一种将人物化的方法。个体之间存在巨大差异，人的主观能动性意味着从事智力工作的人无法像生产线上的工人一样，按照机器的节拍工作。这是智力工作难以管理、效率难以提升的最重要原因。

不能物化这个难题存在于所有的智力活动中。像中国聚焦于制造一样，印度聚焦于软件编制这个环节。与制造工人的不同是，这些工人是智力劳动者，而不是体力劳动者。自然，人们也希望用福特的方式管理软件编制业务，也就是将人物化成机器，降低对劳动者技能或者智商的要求，希望每个人像生产线上的工人一样高效、准确、无误。也有很多人研究软件工程方法，其主要目标都是降低个体劳动者之间的差异。而实际情况则是编码工作仍然具有比较高的技术含量，擅长者与不擅长者生产的代码有巨大的差别。

管理智力劳动一直有两种相反的哲学。一种哲学主张尽量消灭个体差异，公司成长的过程也是消灭英雄、物化个体的过程。“小公司靠人，大公司靠制度”就是这种管理哲学的口号，这是管理的主流哲学。这种哲学明显是工业时代管理思想的延续，是传统公司习惯性的做法。比如，公司要宣传产品，通常需要写出好的文案，传统公司的做法就是要用好的流程写出好的文案。但一些卓越的公司则尽量充分发挥个人潜力，雇用精英，尽量避免强制对个人的物化。秉承这种哲学的苹果、Google 等取得了非凡的业绩，成为新的标杆。还是以“写出好文案”这个目标为例，这样的公司的解决方法是找到能够写出好文案的人。在传统智力型企业，处处都可以看到工业管理的影子和观念。但在互联网公司看到的则是更接近智力特征的管理哲学。

难以累加

《国富论》开篇，亚当·斯密详述了对一个扣针厂的观察。

◆ 扣针（别针）制造业是极微小的了，但它的分工往往唤起人们的注意。所以，我把它引来作为例子。一个劳动者，如果对于这职业（分工的结果，使扣针的制造成为一种专门职业）没有受过相当训练，又不知怎样使用这职业上的机械(使这种机械有发明的可能的，恐怕也是分工的结果)，那么纵使竭力工作，也许一天也制造不出一枚扣针，要做 20 枚，当然是绝不可能了。但按照现在经营的方法，不但这种作业全部已经成为专门职业，而且这种职业分成若干部门，其中有大多数也同样成为专门职业。一个人抽铁线，一个人拉直，一个人切截，一个人削尖线的一端，一个人磨另一端，以便装上圆头。要做圆头，就需要有两三种不同的操作。装圆头，涂白色，乃至包装，都是专门的职业。这样，扣针的制造分为18种操作。有些工厂将这18种操作，分由18个专门工人担任。固然，有时一人也兼任两三门。我见过一个这种小工厂，只雇用10个工人，因此在这一个工厂中，有几个工人担任两三种操作。像这样一个小工厂的工人，虽很穷困，他们的必要机械设备，也很简陋，但他们如果勤勉努力，一日也能成针12磅。每磅中等针有4000枚计，这10个工人每日就可成针48000枚，即一人一日可成针4800枚。如果他们各自独立工作，不专习一种特殊业务，那么，他们不论是谁，也绝对不能一日制造20枚针，说不定一天连一枚针也制造不出来。他们不但不能制出今日由适当分工合作而成的数量的二百四十分之一，就连这数量的四千八百分之一，恐怕也制造不出来。

谁要是在智力劳动中也能找到这样的例子，谁就是一位活神仙。

如果斯密观察一个大型的IT开发公司，他会发现相反的现象：分工不能提高劳动效率，还会降低效率。智力劳动分工的有效性和扣针分工无法相比。

体力劳动就是比较容易累加的，而难以累加是智力劳动的天然属性。秦始皇征数万人修长城，只要人数足够多，总能将长城越垒越长。吕不韦虽养三千门客，穷其所有智慧，写出一本二十万字的《吕氏春秋》，其影响力也不一定比得上韩非子一人的著述。解缙召集了两千人编制《永乐大典》，是因为这并非原创，主要只是一些编辑、整理的工作。百度百科集众人智力，很快条目数超过大英百科全书，但这也解不了哥德巴赫猜想，也不一定能设计出畅销世界的产品。

为了描述上的方便，我们通常会说，泰勒和福特将体力劳动的效率提高了多少倍。而实际上，在他们之前的一百多年，亚当·斯密就发现劳动分工对效率的巨大提升。体力劳动的可分解、可累加性是劳动分工和大规模生产的基础，智力劳动不具备这种天然属性，只能勉力为之。

在企业实际运作中的智力工作，有很多难以累加，比如战略决策，众多的人员只能提供一些似是而非的信息和意见，而作出英明的决策只需要一人，“家有千口，主事一人”说的就是这回事。人员多肯定能生产更多的产品，却未必会做出更正确的决策或者生产出更好的产品。虽然分权体系部分弥补了中央集权的缺陷，可以将一个大公司的决策权下放，但分权只能避免由于信息极度缺乏导致的错误决策，却不能保证产生天才的决策，而且分权也有相互掣肘的副作用。

知识生产只需要一份高质量的产出，它要求每个人做不同的工作；体力劳动则要求很多人做同样的工作。很显然，智力劳动很难进行区隔、挑选、管理，而体力劳动的管理容易得多，简单的线性叠加即可。

苹果虽是电子行业第一大公司，但它每年发布的新产品非常少，公司最精英的几十个人精心决策每个细节，然后通过制造，大规模复制有竞争力的创意，尽最大可能发挥智力劳动和体力劳动结合的优势。普通大公司则靠大量平庸的员工决策非常重要的事情，决策犹如掷骰子，用大量的重复和失败换取少量的成功。

多数智力工作的累加都需要巨大的协调成本和妥协，增加人数的边际效用不可避免地下降，直到边际效用为零，组织还是不知不觉地扩张，一直到产生副效用之时，人数的增加才以新一轮的大幅裁员告一段落。

难觅英才

智力劳动比体力劳动有更大的个体差异。“三个臭皮匠，抵个诸葛亮”只是一种说法，无论臭皮匠多到什么程度，都不可能抵得上诸葛亮。“千军易得，一将难求”就是这个意思。“兵”相当于体力劳动者，其劳动成果有线性叠加的特点；而“将”是智力劳动者，需要最佳人选。

很多智力劳动都需要由出类拔萃的人物来完成，但企业和各种机构对这个问题仍缺乏必要的重视。企业管理者习惯性地把一些需要特殊天赋的工种交给普通的员工去做，工业社会思维无处不在。智力劳动型企业力图使管理简单化，尽量将每份工作打造成人人可以胜任的公司之时，却顾此失彼，抛弃了卓越的机会。

近年来，许多管理思潮和实践试图挖掘公司内更多人的智慧，如《海星模式》、《众包》、《混序》、《金矿效应》等，以 Google 为代表的互联网公司也试图给基层员工更大的权限，使他们可以不受约束地去探索和发明。但所有这些尝试，成效并不显著，没有一个案例能像福特使用流水线那样产生立竿见影的效果，最大限度地解放智力劳动生产力的方法还在探索之中。

在某种潮流的指引下，在一些案例的诱导下，许多以智力劳动为主的企业都假惺惺地去寻找天才员工，实际上，他们既不知道如何找，找到也不知道如何用。我们要如实地承认，长官负责制仍是智力劳动实际使用的模式，理性的人们已经发现了这种方式有诸多明显的弊端，可谁也不知道如何去改造。如何找到“最大麦穗”仍然是一个难题。

以上“四难”是智力工作效率低下最重要的原因，在不同的工种中，每种难题有不同的权重。报社的记者写的文字各不相同，工作成果很容易累加，而其文字的质量却很难衡量。人海战术无法让战略决策更正确，也很难实现一些重要的创新，因为这种类型的智力活动在原则上是很难叠加的。

没有好的解决方案之时，人们只能用较为原始的方法管理智力劳动。做出一款能打天下的手机当然好，做不出来怎么办？采取机海战术就是最实际的方法。没有牛人，就要靠一群普通的人；没有工程机械，手扳肩扛也可以建成金字塔。若干年后，我们再看这个时代的智力劳动，就会像看前福特时期的体力劳动，人性的栅栏和管理的无知使智力劳动的潜力远未发挥出来，智力劳动领域还在工业革命的法则下运行。智力企业必须按照智力的规律优化，而不是罔顾智力规律，把智力劳动强行装进工业管理的模子中。

大公司的反效率逻辑

伏尔泰说过，上帝通常站在兵力多的一边。

两军交战，甲乙双方兵力之比为 100∶50，假定命中率均为 20%，第一轮射击之后，两军人数之比变成了 90∶30，第二轮互射之后，人数变成了 84∶12。此时，兵力多的一方牺牲 16 个人，兵力少的一方则牺牲了 38 人。

这就是冷兵器时代的交战法则，人数越少牺牲越大。两军拿着长枪短棍交战遵从这个数学法则，人手一枪，仍然遵从这个数学概率。

截至中国的解放战争，人数仍然是决定战争胜负最重要的因素。孙子兵法讲得好："十则围之，五则攻之，倍则战之，敌则能分之，少则能逃之，不若则能避之。故小敌之坚，大敌之擒也。"意思是弱小的一方如果坚决抵抗，只有被擒的命运。

虽然历史上不乏以少胜多的战役，但通常的情况都符合数学法则，兵力多的一方通常取胜的把握更大，集中优势兵力是军事第一原则。

人数法则也同样适用于企业之间的竞争。人们的头脑决定了这种竞争的本质。消费者无法掌握充分的信息，便总是倾向于购买市场占有率高的产品。小公司要想跟大公司夺标，要费九牛二虎之力，机关算尽，百折不挠，方能取得胜利。大公司取胜则如顺手牵羊，手到擒来。这在效果上如同两只相互射击的军队——人多的一方更有优势。

现代大型组织仍然是从体力劳动的组合开始的，工业革命就是以机器取代人力，以大规模工厂化生产取代个体作坊手工生产的一场生产方式革命。纺织厂、钢铁厂、机械厂、汽车厂、铁路公司、电力公司等就此从地球上耸立起来。

再到后来，电子时代到来，以计算机为代表的电子行业与过去的机械行业相比，产品更具有多样性。与早期工业最大的区别是，这些行业需要更多的设计者和工程师，即我们所说的智力工作者。

以机械为主的工业革命虽然也需要数量可观的设计师和工程师，但是，在一个典型的、产品经常更新换代的、纵向一体化的机械工厂之中，智力劳动者大约只占 1/10 的比重，这时的智力劳动只是体力劳动的附属物。因为体力劳动是可以线性叠加的，在理论上，大公司可以享有诸多好处。

到了 1970 年，制造环节被外包、体力劳动被分离出去之后，一些公司变成了纯粹的智力劳动者组成的大公司，但它们仍然攻城拔寨，享受大公司带来的利益。1993 年，郭士纳接手了 IBM 这个庞然大物，日后，他在自传《谁说大象不能跳舞》中说他至少在 6 个行业工作过，发现其他行业的扩张都有边际，大到一定的程度就会出现规模不经济效应，但是，IT 行业是不存在边界的，越大越好。

在笔者所阅读过的数百种管理书籍、商业领袖自传等作品中，竟然无一作品真实地分析大公司真正的优势所在——人们总是认为这是一个显而易见的事实，其规律就像太阳从东方升起一样无须论证。韦尔奇的“不是第一，就是第二”的经营哲学不过是机械地重申了福特原则，竟然也因其商业成就被当作企业经营的圭臬。

虽然，理论上智力劳动有难以分解、难以叠加的天然属性，按说不容易产生规模效应，而在实际的运作中，智力密集型大公司都可以将它的产品拷贝多份进行销售，从而弥补了智力劳动叠加的递减法则。产品公司设计的产品每卖出一个拷贝，就赚一份钱；咨询公司虽然给每个客户提供不同的解决方案，但方案其实大同小异，而且每个案例都收取高昂的费用，咨询公司越大收费越多，弥补了规模损耗；B2B[①]型行业，大公司可以把更多的智力资源投入到与客户面对面传播的队伍中，从而有效增加销量。

一方面，智力密集型公司随着规模的扩张，人均效率不可避免地下降；另一方面，规模又让它们销售更多拷贝。两种效应相抵，规模仍然具有优势。

此外，在一些行业，大公司还建立了一些小公司无法进入的壁垒。在实际环境下，这种壁垒多种多样，但总体上无非这么几种，要么单件产品复杂程度较高，要么行业进入门槛高。比如 IBM 的大型机器及其上面封闭的各种应用组合或者 GE（通用电气公司）的高端医疗影像设备，技术复杂，且涉及众多门类，需要多年技术积累，进入门槛极高。

如果一家初创型公司和联想公司同时杀进了手机市场，研制出了类似的产品，前者要铺货比后者困难很多。前者只能量入为出，缓慢成长，后者则可以配置大队人马，以最高速的方式成长，这是大公司特有的优势。

由于大公司具有众多的竞争优势，可以创造许多规模利润，所以能够不断兼并新的公司，从而形成了规模更大的公司。从早期的安德鲁·卡内基的钢铁公司、洛克菲勒的石油公司，通用汽车公司、杜邦公司到现代的思科公司、惠普公司，都通过不断的兼并扩大规模。

仔细分析一下就发现，20 世纪早期的公司兼并和 20 世纪晚期 IT 公司、医药公司的兼并有一个很大的区别。前者兼并主要以形成规模、达到最大程度的垄断为目的，我们称之为“洛克菲勒式的兼并”；而现在 IT 公司、医药公司兼并的目标则是有新发明、新创造的小型技术公司，大公司靠兼并解决内生性创新力低下的问题。

---

①B2B（Business to Business），企业对企业的营销关系。——编者注

为什么那些有足够多金钱、足够聪明员工的大公司自己没有好的发明创造，反而要向社会收购小型公司？从众多公司案例观察中，我们发现，大公司无法有发明创造是机制的问题，智力的不可叠加性最终导致大公司在研发环节上丧失了竞争力。大公司的研发方法是将工程分解成小任务，将每个智力劳动者定义为一个小螺钉，这势必压制极多的创造力。除非那个具有创造性想法的人刚好在树形组织结构图最合适的结点上，但这种概率小之又小。

虽然创新不可分解，但工程相对来说是一种可分解的智力劳动。三峡工程由数千名工程师设计，每个人可以负责一个小模块、一个子项目的设计。一辆汽车大约由两到三万个零件组成，从整车到部件再到零件的设计是可以分解的。大型的程序设计也会通过任务分解的方式各司其职，尽管所有的分解都降低了效率，最终靠巨量的投入还是可以将产品完成。

但发明和创新这种智力劳动几乎完全难以叠加，大公司钱再多，人再多，也无法“堆积”出创新。一个写作班子，并不一定能写出优秀剧本或者图书；一个大型的制药公司由于缺乏灵活性，组织僵化，在发明新药方面可能反而不如小公司。很多智力工作注定就是个人的和偶然的。

为了进行简明的分析，我们把智力密集型公司的模型简化成两个最基本的环节：销售和研发。销售的智力活动可以线性叠加，因为这是水平的智力活动，A和B做同样的销售工作，创造的是两份价值，就像体力劳动一样。研发的智力活动则是垂直叠加，这种智力活动绝不需要两份同样的产出。一家大公司专门的竞争对手分析人员超过百人，表面上分工很细，实际上，这份工作只需要天才的分析员，不需要数量的堆叠，这家公司的大量人员不可避免地做着同样的工作，毫无意义。

所以，大公司收购小型技术公司，或者说把小型公司的技术和产品放到大公司的平台上销售，成为一种优势组合。社会上有众多的小公司都在尝试创新和发明创造，大公司的收购则是择其优者。

由于垂直的智力活动会出现叠加衰减现象，一个人能编一万行程序，可能10个人只能编5万行，100个人只能编20万行。而平行的智力活动则是线性叠加，一个办事处能销售100万，10个办事处就会销售1000万。

多人数

1860年，美国最大的工业公司拥有4000名员工，到1900年，最大的公司拥有员工数多达65000名。1927—2000年，通用汽车一直是世界最大的汽车公司，1962年，其雇员数达到了60万人。随着外包和对外采购零部件模式的流行，通用汽车公司的人数开始下降。但有的行业的人数开始了一轮新型增长，2010年，全球最大的公司沃尔玛雇员数达到了210万，其全球扩张很大程度上依赖于计算机管理。

截至目前，以人力资源的增长拉动公司的增长，仍然被99%以上的公司认为是理所当然的方法。

促成公司扩张的因素还有很多，在人性方面，野心是扩张的第一要素。领导30个人是一个排长，领导100个人就是一个连长，自私因素绝对是公司人数膨胀最重要的因素之一。加尔布雷斯说，合作和自私两者结合最好的例子就是公司。随着公司规模的扩大，自私成分不可避免地会越来越多，不论你用什么样的考核机制，每个人的贡献都是很难衡量的，个人总能通过各种方法获取利益。

有的大公司用部门核算制遏制由于自私因素导致的扩张，但效果和想象的完全是南辕北辙。除非遇到极其糟糕的财务压力，否则公司不会大批裁员，砍掉不靠谱的业务。

公司做大之后，通常都会将人多势众当成一个最重要的成功要素，人多与成长之间构成了循环，人海战术不可避免地成为一项基本策略。公司人口循环有点像历史上朝代更迭，如同马尔萨斯的论断，其实朝代更迭多是人口太多引起的。历史遵从这样的循环：开国—人口稀少，战斗力弱—鼓励耕种，鼓励繁殖人口—土地资源紧缺—冲突不断—遇上灾年，大规模战争—消灭人口—改朝换代。

复杂化

福特的流水线有一个特点，就是两万人的大公司基本上没有所谓的组织结构，全公司由亨利·福特一人说了算。因为整个公司只生产一种固定型号的T型车，所以，福特的整个生产也极尽简化，它天然是为高效率设计的。

亨利·福特的竞争对手，天才管理者阿尔弗雷德·斯隆1923年登上了通用汽车CEO的宝座，他开创了一次管理革命。从产品本身的需求来说，经历了福特十几年的“洗涤”，很多人都有了汽车，人们已经不仅仅把它当作代替马车的代步工具，汽车有了多样化、个性化的需求。如果通用汽车准备抓住这个机会，且用多车型、多品牌的优势和福特的高效模式竞争，那么它首先就会遇到一个问题：车型增多，而且还要更新换代，公司必然会变复杂。

于是，斯隆发明了以车型为基础的事业部制，这是现代公司组织架构的开端，这种较集权制松散的组织为公司扩大化奠定了组织基础。此后大公司的结构越来越复杂，尤其是智力密集型公司。一方面，它要解决比体力劳动密集型公司难以管理的现实问题；另一方面，难以衡量的智力劳动更容易藏污纳垢。所以智力密集型公司建立了被称为组织结构的复杂系统，它就像神经一样连接各个节点，它的增加往往要超过体型的增加。此后近百年，大型企业都采用斯隆开创的架构。

斯隆管理革命的弊端也是很明显的，与福特式的管理方式相比，这只是一种应付复杂业务的方式。

“福特汽车公司和通用汽车公司，我认为它们是两种类型的：一个是围绕个人建立起来的，一个是围绕制度建立起来的。其实不存在孰优孰劣的问题，这就是历史的演进。由个人驱动的公司应对的是公司发展的初级阶段，对应的是公司发展的初级冰上舞蹈。发明出更复杂、多层管理的公司是以满足现代市场需求的必然结果。”《福特传》的作者史蒂芬·沃兹说。

与大公司相比，小公司有研发优势。小公司的劣势是市场辐射能力低下，做出一个同样的产品，销量远不及大公司，平均成本还是下不来。但是，借助电子商务等方式，它的市场扩散正变得更容易。

小公司如果找到解决市场劣势的方法，就会出现“以一当百”的戏剧性效果。

传统模式下，小公司派出一个人销售单件产品，大公司派出 10 个人可以销售 20 件产品，小公司在货架边缘占据一个小小的格子，大公司则占据货架的一大片最佳位置。小公司总是处在困难的一方。

现在，商业环境正在发生沧桑巨变。

我们知道，电子商务是不需要增加人数的销售方式，长期地看，是极其利于小公司的。就像上文所述，销售这种智力活动是水平的、可以线性叠加的，而电子商务正逐渐消灭大公司在销售方面的累加优势。此前，大公司正是靠着这个优势弥补其研发方面的劣势。

很多不知名、不被人注目的公司（事实上，不被人注目往往是成功的重要条件）发明了匪夷所思的高效率铺货模式。中国有很多小型芯片公司，它们生产的产品单价非常低廉，必须靠很大的销量才能维持公司运转。作为一种工业品，这些芯片通常不用电子商务的方式进行销售，而是通过传统代理方式。这种方式最大的特点是多对多的组合，每个芯片代理公司都会代理十几家到几十家的芯片，以实现规模整合；每家芯片公司也会有很多代理商，让代理商之间充满竞争关系。对芯片代理公司而言，小芯片可以在销售大芯片时顺便销售，以获得一些边际利益。这样每个环节都非常紧张，经年累月，竞争使每个环节不断优胜劣汰，寻求最高效的整合方式。

智力密集型大公司的复杂程度是非常高的，一个10万人公司的复杂程度和官员数量可能超过农耕文明时期的一个国家。农业社会的社会分工非常简单，绝大部分人口都被禁锢在固定的村庄，管理工作相当单一，因此，农业社会的官员数量是非常少的。据查，在清朝中晚期的道光年间，全国文官共11316人（京官2369人，地方官8947人），当时中国人口将近4亿，平均34000人养一个文职官员。而现代的大公司每10个人就要养活一位不干活的“文职官员”，效率比农业社会低3000倍。

大企业享受大规模带来的好处时，也不得不应对大规模带来的大企业病，机构臃肿，人浮于事，智力资源得不到发挥和伸展，凝聚力下降。到了一定程度，大家开始为公司的腐败和衰落“添砖加瓦”。

小企业低效率的原因

大公司有大公司的难处，小公司有小公司的苦恼。大公司低效，小企业的效率通常更低，但二者低效的原因是不同的。

小企业虽然没有大公司的官僚体系，不存在协调成本高、不干活的人多等问题，但是，小企业存在很多客观上的不利条件。大公司低效主要是人为因素造成的主观低效，小企业低效则是受制于环境因素，是客观低效。

按企业规模划分，行业有三种类型。第一，只适合大公司的行业，如飞机制造、石油开采、汽车制造等。第二，大公司、小企业混合行业，如电脑、手机、互联网服务、零部件制造等行业。第三，只适合中小企业的行业，如律师事务所、会计师事务所、餐饮服务等。

在混合型行业，大公司占据着规模优势带来的好处，包括更低的采购成本、更高的产品售价、更大的销量等。小企业则勤俭度日，依靠低成本运作模式生存。

中小企业承担了大部分创新风险。在硅谷，一旦有成功的迹象，就被大公司盯上，然后被高溢价收购。在中国，很多行业的中小公司创新一旦萌芽，也会被大公司盯上，大公司开始迅速挖人、模仿，凭借规模优势一举消灭创新者。

小企业最大的低效是经常失败，失败的原因多种多样，包括方向错误、产品缺乏竞争力、市场营销不力等。投资人查立总结了创业的艰难，发了这样一条微博："1. 只想不做——死；2. 没有团队——死；3. 坐等投资——死；4. 盲目跟风——死；5. 没有客户——死；6. 入不敷出——死；7. 惧怕竞争——死；8. 团队不和——死；9. 自我满足——死；10. 用户喜欢——生！"

活下来的小型企业通常由于客源不足——虽没有偷懒的想法，也不能满负荷工作——效率难以提高，就像街边的小饭馆或者烟摊一样，低成本，小产出，不会倒闭，却难以高效。

餐饮业是典型的分散型行业，笔者经常看见街边有不少大小餐馆倒闭，又不断有新餐馆开张。但是，你很少看见麦当劳或者肯德基开店后又关门的。成功率的差异就是你赔钱、他挣钱的根本原因。

麦当劳产品针对的目标消费者是固定的，其选址方法非常规范。第一步是市场调查和资料信息的收集，包括人口、经济水平、消费能力、发展规模和潜力、收入水平，以及前期研究商圈的等级和发展机会及其成长空间。其次，对不同商圈中的物业进行评估，包括人流测试、顾客能力对比、可见度和方便性的考量等，以得到最佳的位置和合理选择。再次，在了解市场价格、面积划分、工程物业配套条件及权属性质等方面的基础上进行营业额预估和财务分析，最终确定该位置是否够资格开设一家麦当劳餐厅。小饭馆通常跟着感觉走，就很容易招致失败。

“跟着感觉”常常也是小公司缺乏效率的重要原因。不能命中消费者需求，无论多么努力都是无效的。

作为世界最大的餐饮连锁企业之一，麦当劳除了选址还有几招确保成功的方法。每当人们议论中餐厅为什么不容易做成大型连锁企业时，总是说中餐厅依赖于厨子的手艺，不容易标准化。这是一个重要原因，但其实，还有一个人们不曾谈论过的更重要的原因：麦当劳、肯德基定位的市场是一个非常稳定的细分市场——快餐、儿童，而中餐通常以口味、档次作为细分维度——前者的细分市场非常稳定，无论在哪里都差不多；后者的细分维度则经常变化，今年流行吃火锅、明年又流行烤鱼。细分市场的不稳定，常常招致失败。

大多数的小企业缺乏较为科学的策划，投资决策、方向选择具有偶然性，从主观感觉出发，蒙不对就赔钱。所以，小企业既没有广泛的市场覆盖以销售更多拷贝的优势，在准确性上也处于劣势地位，初创时期的小企业绝大多数都会死在这两点上。

其他类型的小型企业在寻找生存模式和生存方向上也表现出非常低的效率。一家小企业通常是大公司员工离职后创办的，创始人通常在自己熟悉的领域创办企业。但这些聪明的创业者要用很长时间才能搞清楚自己创办的小企业和原来打工的大企业在资源禀赋和生存模式上的巨大差别，他们用原企业的方法开拓市场、雇用员工、管理企业，将大公司的“繁文缛节”机械地理解成规范化和竞争力，多次碰壁后才明白小公司不能这么操作。

很多人说小公司是不需要战略的，只需要执行。这是非常错误的观念，小公司最需要的就是战略，如果你觉得“战略”这个词有点大，也可以用“策略”，战略和策略实际上是一码事。大公司的生存模式已经成熟，如果外部环境不发生很大的变化，其实是没有战略，也不需要战略的，只是按部就班地前进即可。小公司生存模式未定，处处受限，想找到合适的方向、合适的方法生存并不容易。最初的小胜比将来的大胜更重要。长征并不是荡气回肠的战斗，只是一个战略撤退，它是没有办法的办法，长征成功之后才有后来的故事。

磨洋工的劳动者

1917 年至 1921 年，美国用清政府的庚子赔款在北京建协和医院和协和医学院。由于这项工程是由外国人出资、设计，中国工人便称之为“洋工”。协和医院有主楼 14 座，外观均采用中国传统的磨砖对缝，又是高层建筑，磨工工序十分浩繁。参加建筑工程的许多工人就把这一工序称为“磨洋工”。后来这个词逐渐演变成故意磨磨蹭蹭，打发时间，出勤不出力。

如何消灭磨洋工是泰勒科学管理的出发点之一，当时以计时工资为主，干满一天多少钱是普遍的工资制度，虽然也有少量的计件工资制，但工人为了制定定额较低的标准，也会磨磨蹭蹭，隐瞒真实的劳动效率。

泰勒曾经为一个年轻的工人计时。“他上下班时每小时步行三四英里①，一天工作之后往往快步回家。但当他一到了工作场所，就马上把速度减慢到每小时大约一英里。例如，当他推一辆载重的独轮车，上坡时走得很快，使载运时间越短越好；可在回程时却马上慢下来，慢到一小时只走一英里路，尽量利用一切机会来拖延时间，只差没有坐下来。为了使自己绝不比旁边的懒汉多干一点，他还须故意慢慢走，甚至因此而感到厌烦。”

①1 英里等于 1.609344 千米。——编者注

再举个例子，生产队本来是比个体户更好的组织，它可统筹水利工程，也更容易大规模进行机械化种植，这是明摆着的道理。从这个角度说，人民公社本没有错。可是，人民公社内普遍存在磨洋工，很多人生产粮食，仍然食不果腹。包产到户本来是一种原始的、落后的生产方式，但因为劳动成果和个人之间建立了100%的联系，一个制度的简单变化解决了吃饭问题。

表面上看，生产队是很容易管理的。小的生产队只有几十个劳动力，生产队长本身也是劳动者，并且往往是一个勤快的、不偷懒的人。生活中这种自我约束能力较强的人，往往会成为各种头目。队长努力劳动，社员必须跟得上他的节拍，插秧时，领队插一垄，社员也得插一垄，队长割麦子割一垄，社员也要割一垄，而且队长经常抽查质量，在这一点上也不容易打折扣。很多的小生产队都是由自然村落组成，最极端的情况是整个村子都是同姓人家，虽有一些状况，但彼此相处还是相当和睦的。按说，生产过程和工序非常简单，彼此之间的配合很少，很容易管理，这种组织比泰勒时代的初级工厂更简单，但即便是这样的情况，磨洋工也是一种普遍现象。

科学管理和流水线的机器节拍基本上解决了制造环节的磨洋工。而智力活动不能计件，不能让固定节拍和频率的机器推着人走，没有真正有效的管理约束人性，不同层次的管理者之间、管理者和员工之间普遍存在博弈关系。所以，今天智力工作的管理比30多年前的生产队对社员的管理还要差。

智力劳动，尤其是大型的智力密集型公司，工作异常复杂，磨洋工的原因也多种多样。

一位离职员工写道：想干活，没活，领导为了不出事，糊弄上边，也不让干活。想换个部门，没门，公司为了防止形成帮派，为了防止有些事情没人愿意干，表面上假惺惺地破除部门壁垒，实际是越破越厚，精兵简政越减越多，还不靠谱。没法弄，拜拜了。

从生物本性上看，人是一种懒惰的动物。养过猫的人都知道为什么世界上有懒猫一词，生物学家会告诉你，这样会让猫消耗最小能量，有利于生存。猫科动物多靠迅速出击扑食，吃饱了都会懒懒地躺着。

人是一种体型较大的灵长类动物，几百万年来，从吃水果、树叶逐步到食肉和植物的种子，摄取食物的能量密度越来越高，吃饱之后，可以维持较长时间不用进食。不像食草动物，终日都得吃低能量密度的食品，它们必须勤快才行。食物的能量密度越高，懒惰越具有进化优势，食物的变迁导致了人天生有懒惰的倾向。

天性懒惰是智力劳动者会磨洋工最基本的原因。虽然有很多理论争论这个问题，但这些管理学家都没有深入了解进化中形成的基本人性，他们会把自我约束形成的勤奋误认为是天生的勤奋。

现实中的公司都采用“胡萝卜加大棒”的方式进行管理，通过给员工打A、B、C、D的方式，奖勤罚懒。而大多数智力劳动密集型公司则给员工配股票、期权，让员工享受公司发展的利益。传统的制造业、房地产、商业银行等无一行业像IT行业一样大面积地给员工配送期权或者股票，其原因就在于智力劳动缺乏真正有效的管理措施，智力劳动者发挥主观能动性、进行自我管理是非常重要的。

当公司到了一定的规模，激励方式的效果就大打折扣，自我约束就会慢慢失灵，懒惰的天性时刻准备着控制每个人。真正实事求是的人都会承认，考核绩效本身和实际绩效就是脱节的，换句话说，为了获得较好的考核绩效，总能作假。如果智力工作像生产线上的生产工作一样，可以计件管理，真实绩效是可以考核的，就不会有期权这样的激励方式大面积出现。

公司的研发人员天天加班，并非都在干活，而是因为加班成了考核的潜规则，尽管没有加班费，员工还是整天假装坐在计算机前，手拿一张报纸或者无聊地翻看着网页。

多数人不清楚激进的激励机制有明显的副作用，很多人会因得到本不该得到的好处而进一步磨洋工。在泰勒发明科学管理方法之前就有计件工资制，泰勒发现计件工资并不能显著提供效率，工人为了让工作量定的低，他们会不约而同磨洋工，保持在低效水平上。

泰勒解释为什么采用科学管理方法后，劳动产出提高三倍多，而工资只涨了60%时表示，60%是一个反复实践、调研得到的数字，如果发的钱太多，就会引起其他工种的不满，会降低其他工种工人的劳动积极性。这种效应在公司中普遍存在，有些员工拿到了很多期权和股票，但拿不到好处的人会倾向于更积极地磨洋工。中学课本里说奴隶的反抗形式包括破坏劳动工具、消极怠工等方式。公司的激励政策也很容易让公司形成不同的阶级：统治阶级一手拿着胡萝卜，一手拿着大棒；被统治阶级一面磨洋工，一面干一点活，表面上维持着一种微妙的平衡，但效率不高。

索尼前常务董事天外伺朗提出，绩效主义摧毁了索尼引以为傲的激情团队。绩效主义看似公平，但缺少内涵。它只能靠利益刺激员工，却未能使员工结成精神共同体，乃至走向平庸。无论什么企业，只要实行员工收入与业绩完全挂钩，一些扎实的工作就易被忽视，最终破坏员工对企业的信任。

很多日本企业因而尝试了另外一种管理方式。年功序列制是一种按学历和工龄领取报酬的制度，报酬和工种无关，生产线上的一名工人和设计工程师如果学历相同、工龄相同，他们就有相同的报酬，这是一种比大锅饭还均匀的分配体系。京瓷公司采用了这种基于人性善的管理方法，确实也激发了员工的积极主动性，大家齐心协力，公司的经营效果相当好。

个人磨洋工的特性也经常放大为一个团体、一个组织的群体磨洋工，成建制的磨洋工屡见不鲜。这样做也有一些具体的好处，比如可以增加人手，壮大部门，这也是绝大多数管理者本能的需要。还可以降低考核标准，这与工人在计件工资情况下，降低劳动速度有着相同的效果。

可真实量化的工作成效是最好的抑制磨洋工的方式。在智力密集型行业，销售相对研发更容易管理，研发相对战略等务虚的部门更易于管理就是这个道理。

考核越是荒谬，磨洋工的“创新能力”就越强。无计可施、自作聪明的经理经常创造出一些古怪的考核方式，就像楚灵王好细腰一样荒谬，比如拜访客户的次数，得到经理感谢信的肉麻程度，制作幻灯片的数量等，但这些大多数的管理指标都可以通过磨洋工的方式漂亮地实现。

很多公司都在强调客户至上，市场至上。这种理念有两层意思，大家都理解第一层意思：这样可以让公司研制的产品更符合市场的需求，而不是脱离实际闭门造车。这种管理方法的另外一层意思，是让容易管理的部门给不容易管理的部门施加压力，就像管住头羊或者领头的大雁一样。在报社中，记者需要比编辑有更多的创造力，通常却要被编辑管理，也是这个道理。

很多公司也注意到了这一点，“量化管理”已是深入人心的管理理念。许多公司都强行将一些工作“内部货币化”，即把在企业产生的幻灯片、战略、规划等统统量化成价格，其他部门如有需要，需要到这些部门“采购”。实际上，却没有发现哪家公司通过这种方式显著提高了效率，铲除了冗余。生产队长带头干活、一人一份都能磨洋工，何况难以衡量的智力劳动。

体力劳动磨洋工有主观懒惰的成分，也有动作不合理、劳动参数设置不科学的因素。以伯利恒钢铁公司搬运 92 磅[①]的铁块为例，在泰勒优化之前，平均每个工人每天可搬运 12.5 吨。如果找到强壮的搬运工，并且确保不偷懒、拼命干活，一天也只能搬运 23 吨，疲惫不堪的工人无法搬运更多的铁块。泰勒科学搬运法

①1 磅等于 453.59237 克。——编者注

的关键是科学的休息，这样就可以确保工人每天都可以持续搬运47吨铁块。

智力劳动磨洋工同样也有客观的成分，部门设置不当、工作安排不合理、智力工作天然难以分工的缺陷都是造成磨洋工的客观因素。人性的复杂在于它的两面性，传统的管理方式一方面很难抑制磨洋工，另外一方面也在压制那些努力的奉献者，在层级化、将其秩序化的组织结构中，基层员工的创造力被普遍压制，传统公司甚至从来不去努力发掘最大的“麦穗”。巨型公司有丰富的人力资源，却经常设计出漏洞百出、毫无竞争力的产品就是一个明证。

智力发育是为个人设计的，不是为一个组织设计的。绝大多数人对绝大多数问题都会有差不多水平的基本见解，却不容易有超乎常人的卓越见解。苹果成功之后，笔者见过太多关于苹果的分析，这些分析几乎都是大同小异，都会谈到体验，都会谈到苹果软件应用商店，但找不到真正有料的超乎寻常的发现。观察一些电子消费品企业，它们讲战略时都会强调不要单纯指望价格战，而要通过创造用户价值实现差异性，但谁也没有能力真正落实这种战略。

越是大型组织，重复和无效的智力劳动就越多，即便是部门设置得精巧、细致，也没有多少改善。笔者曾经粗略统计过一个大公司的好几个新任务，发现在新产品的参与部门中，至少都有8个部门在干同样的工作，关键是谁也无法脱颖而出，只能设计平庸的产品，从事无效的劳动。

人性也不是为了大型组织设计的，人类的祖先是小群体社会性动物，群体的大小以能够最经济地捕食到常见猎物为准，据估计，成员数目通常不超过50名。当很多人聚集在一起时，寄生的潜意识就会表现出来，然而谁都不希望别人发现自己是寄生虫，于是大家开始虚伪地表演。

要想让公司在新的环境下更具有竞争力，需要认识到智力密集型行业的本质规律，找到传统管理观念的弊端，因势利导，尽量将智力的潜在效力发挥出来，这就是我们接下来要解决的问题。

03

高效的原则

中国古代的建筑物基本上都是木结构的，欧洲的古典建筑则都是石头的；中国古典绘画多为写意，欧洲的绘画基本上都是写实；中国古典哲学基本上从不问为什么，也几乎没有像样的推理和演绎，古希腊以来的西方哲学则几乎到处都是演绎……

这样的例子十分多，为什么东西方会有这么大的差别?

为什么中国古代就没有人想到用石头建房子，西方就没有想到木料也可以建造宏大、精巧的建筑?

生物进化遵循路径依赖原理，在完成初步的进化之后，进化会延续已经形成的趋势和走向，同时消灭竞争性的同类。

竞争性的事物，都遵从生物进化原理。拿建筑物来说，我们可以设想这样一种情况。当初有人用石头建房，也有人用木料建房，传承了若干代之后，在中国的某个地方出现了一个天才的木匠，他设计建筑的房子要比石料的房子更好，于是大家开始竞相仿造，用木料建房的越来越多。因为木料的房子建的多，市场要大一些，学这门手艺的人也多一些，天才木匠也会比较多，从而发明更好的工具和工艺，木料房子和石料房子的差距也就越来越大。

若干代之后，也有创新者希望改用石料，从而打破用木料建房的传统，并且他也是一位工程天才。但问题在于，再天才的人也无法凭一己之力就将石料的房子建得像木料房子一样好。他的石料房子当然竞争不过木料房子，因为他比那个决定历史走向的天才木匠晚生了若干年。

石头比木头硬，木头比石头容易加工，这是绝对的。石头房子好，还是木头房子好，这不是绝对的，起码当初是难分伯仲的。难分伯仲的东西在发展过程中通常会遵从马太效应，从而形成路径依赖。

进化的路径依赖不限于有形的事物，人类的思维模式也遵从路径依赖法则。欧几里得几何学，古希腊广场上哲学家的辩论，将逻辑演绎推向了一个高峰。此后，西方世界 1500 年都按照这种方式思考问题。他们有人对自然科学充满兴趣，但从不进行实验；他们殚精竭虑、追求完美的逻辑，但是从来都没有人想通过各种现象去归纳总结，也从来没有人通过实验去发现或者验证一些规律……这是典型的思维方式的路径依赖，直到伽利略的实验和培根对方法论的总结，实验和归纳法这种重要的方法才被纳入科学体系。

中国走的则是另外一条路，春秋战国时期是中国第一个思想产生的高峰期，那个时候形成的思想方法、关注方向一直影响了中国几千年，不注重逻辑、不关注自然、缺乏好奇心仍然是现代中国人的主流思想方式。

但是，路径依赖不是一个永不落幕的游戏，只要有一天：

出现了一个伟大的人物，牛顿、伽利略或者培根；

战争或者游历，引起技术和思想的交流；

一家公司发明新的生产组织方式，效果良好；

一个行业比其他行业的成就显著；

一些微不足道的小人物变革尝试的成功；

……

智力劳动已经在缺乏效率的道路上行进很久，它也需要找到一条新的进化途径，奔向快速轨道。坦率地说，这样的东西绝对不容易发明，并不是头脑灵活的人到公司转几圈就可以发现提高效率的途径。为此，我们先搜寻一下历史的足迹。

泰勒和福特是怎么做的?

经济乃至人类社会发展最本质的问题乃是如何提升效率，不管你是否愿意，经济上有一个非常顽强、不可逆转的规律就是高效总是要战胜、取代低效，即便高效确实会引起失业等诸多的社会问题甚至短期的冲突，但终将能使全人类受益。

泰勒 1911 年出版的《科学管理原理》——笔者认为这本不到 6 万字的小册子是所有管理书中最基本、最扎实、最实用、最科学的书籍，它相当于进化论的《物种起源》，或者经济学的《国富论》，由于他的论述如此切中要害，以至于后来的管理书籍只是它的注释和各个小分支而已。

《科学管理原理》并非高深的理论，如果从纯理论的深度和广博性上看，它并不是一本能进入殿堂的作品，但是，轮子并非了不起的发明，却是最重要的发明，而这本书正与轮子一样。

笔者经常锻炼身体，夏天游泳，冬天跑步，但是从未找到一个最佳运动量。高中时期，老师领着我们晨练，每天跑大约 5 公里，他认为这种锻炼提高了身体素质，也帮助我们提高了高考成绩。但实际上，这个运动量太大了，每天跑步疲惫不堪，从高考的角度看，它实际上可能降低了我的高考分数。这样的问题比比皆是，从体育锻炼到营养搭配，都有最佳参数，但谁也不知道最佳的数值到底是多少。

现在小学、初中乃至所有的学习阶段都被按部就班地安排了很多门类的课程，但从未有过对一个最基本问题的追问——这样的安排是否达到最佳效率？笔者认为，少儿时应该多学外语、体育，而历史、哲学等科目要到大学以后才是最佳学习期，学习时间太早，根本领悟不到其中的含义，也找不到乐趣。那么真实的答案到底是什么呢？

这就是泰勒科学管理要解决的问题。在泰勒看来，任何一项工作都有最佳方式、最佳参数。即便过去几代人积累的经验也是不可靠的，即便最简单的工种也有科学优化的可能性。一个被常常提及的经典例子就是科学管理的第一个例子。将铁块从 A 地运输到 B 地，看来是最简单不过的，既无动作之说，也毫无技巧可言，可是泰勒经过反复优化之后，将伯利恒钢铁公司搬铁块的效率从每天每人搬 12.5 吨提升到 47 吨！

从直觉上人们会想到：搬铁块需要更强壮的劳力——是的，按照泰勒的方法每8 个劳动力才能选出一个适合搬运铁块的；需要更勤奋的劳动——是的，泰勒原理本身是从如何消灭磨洋工开始的，但这绝不是全部，否则他的理论就不可能有如此洞穿时代的力量。泰勒认为搬铁块包括的参数有：每次搬运的最佳重量，搬运过程中行走的最佳速度，搬运时多长时间休息一次，休息时间多长等参数。找到最佳参数可以使搬运工人不甚疲劳，并且可以日复一日持久劳动。这就是泰勒原理的全部内涵。

在这个原理指导下，泰勒优化了若干工种。比如，伯利恒钢铁公司很多工种都用同样的铁锹，经泰勒优化后，公司采用了适合每个工种的铁锹，效率因此提高很多。因为泰勒的方法和理念如此简明扼要，以至于只要你知道这个理念，慢慢地你自己也会学会如何优化每个工种、每个动作、每条产品线等。所以泰勒思想是解决效率问题的基本思想。根据德鲁克的估算，自泰勒以后，体力劳动的实际效率已经提高了50倍之多，这里面有机械化和自动化的贡献，但泰勒思想也功不可没，这是大多数世人都未意识到的。

泰勒的设定最优参数原则在工业生产中被广泛应用，但是面对日常生活中一堆的问题，却从未有人像泰勒那样认真去找寻、分析最佳参数。假如有人做了这样的事情，绝对是功德无量的，因为它可以使许多事达到事半功倍的效果，泰勒原理仍然具有造福现代社会每个人的巨大潜质。

我们简单回顾一下泰勒经典原则。

原则一：提出工人操作每个动作的科学方法，以代替过去单凭经验从事的方法。

泰勒的科学管理指的是可优化性，他认为即使是最简单的事，比如搬铁块，一代一代传递下来的经验也不是最优的，通过动作分析、秒表等方式可以极大地优化每件事情。

原则二：科学地挑选工人并进行培训和教育，使之成长成才，而不是像过去那样由工人各自选择工作，并各尽其能地进行自我培训。

原则三：与工人密切合作，以确保所有的工作都按照已制定的科学原则进行。

这条原则在后来已经被人们遗忘，所谓管理就是管理者制定、强制实施的措施和程序。

原则四：管理者与工人的工作是均分的。管理者应承担起那些工人无法胜任的资深工作，而在过去，管理者把几乎所有的工作和大部分职责都推给了工人。

这条原则也许从未被实施过，也许已经被现代管理者遗忘，公司不可避免地演化成管理者捞钱、基层员工磨洋工的对抗性经济体。刚刚从诺基亚辞职的CEO埃洛普得到了1880万欧元的补偿，他的“业绩”是每损失10亿欧元的公司价值，公司支付给他 100 万欧元的补偿。

泰勒认为搞科学管理会受到工人习惯性的抵制，虽然这也会让工人受益。他说，如果他是工人，他也会反对实施科学管理。所以推行科学管理要注重方式、方法、进度等，要让工人的回报和投资方的回报合理。

泰勒时代尚无专门从事管理研究的人，首先，泰勒是一个实践者，一个工人、发明家、管理者，其次才是一个理论家。他的理论其实是数年经验的实际总结，并且一经发表就被应用到实践中去。

沃特敦（Watertown）引进泰勒的思想后将浇注一个驮鞍前桥的成本从 1.17 美元降低到 54 美分，将制造 6 英寸炮架的人工成本从 10229 美元降至 6950 美元。西蒙德滚珠轴承公司采用了泰勒理论后，雇员从 120 人降至 35 人。

福特和泰勒的观点极为相似——他们在两条跑道上平行奔跑，并没有直接的相互影响关系，在福特的自传中并没有提及泰勒的名字，泰勒的履历中也没有和福特交集——他们对提高生产效率都非常着迷，使用的方法也非常相似，就像牛顿和莱布尼兹各自独立发明了微积分，而罗斯福新政和凯恩斯理论类似一样。泰勒的主要贡献是将提高生产效率的思想方法总结成了一套理论进行传播，福特则通过他的效率实践深刻地影响了未来世界的走向。把福特的实践总结归纳出来就是泰勒的理论，把泰勒的理论应用于实践就会产生福特汽车公司一样的效果。

统计数据显示，1900—1907 年，单位劳动生产率年均增长为 9.9%。1907—1915 年，单位劳动生产率每年提高 33%。不能不说泰勒的管理思想和福特的实践所起的作用巨大。

有理论，有实践，一旦成功就很容易扩散。有人将泰勒的思想用在砌砖墙上面，产出提高了 100%以上；有人将泰勒方法应用于日常生活，研究如何提高洗衣服、做饭的效率。泰勒时代，到处都是掐着秒表优化动作的效率狂。泰勒的思想和福特的实践逐渐传播到各行各业，使每个工业化领域的效率都逐步提升。

高效率的原则

20世纪初是一个属于机械的时代，不断发明出的新机械为自动化、流水线奠定了基础。福特正好是工业效率不断提高背景下的一个特例，如果福特没有降低成本，提供人人都能买得起汽车的理念，没有对效率偏执的、坚持不懈的追求，T型车不是一款优质的、备受大众欢迎的车型，都成就不了福特模式。流水线迟早也会被发明，并且大规模应用，只是没有福特，也许会晚若干年。

福特并不是第一个搞流水线的人，在福特之前的100多年，扎棉机的发明者就创造了世界上第一装配线。1798年，惠特尼接到了政府10000支火枪的订单时，就开始用装配线的方式生产。此后，也有人陆陆续续地采用标准化的方式生产，但都没有什么影响力，直到福特横空出世，这种高效生产方式才影响了整个世界。智力密集型行业也需要"新福特"的带动以大幅提高劳动效率，从而对世界产生革命性的影响。这家公司不是苹果，而是能打败苹果的公司，苹果通过一些特别的做法获得了很多金钱和利益，但它追求的并不是最高的效率，这是苹果和福特关键的区别。

智力型企业的高效公司并没有一个非常典型的样本，它是苹果公司、深圳高效的山寨企业、优秀互联网公司的合体。高效公司也应该遵循下面几个重要原则。

◆ **精确制导**。不管是大企业还是小企业都充斥着各种毫无意义的尝试，它们设计毫无竞争力的产品，设置没有意义的部门，通过大量的试错，获取少量的收成。要想高效必须瞄得很准，用导弹代替炮弹。

◆ **人定胜天，追求卓越效率的强烈动机**。Google、Facebook以及中国的互联网公司在解放员工生产力、追求最大限度的产品创新和组织创新上进行了各种努力。放弃工业管理、尽量将人机器化的管理思路，也不要指望用“胡萝卜加大棒”的方式管理智力劳动，发挥员工主观能动性、解放生产力才是上策。

◆ **率先求变**。变革和被变革的命运是不同的。提高效率主要是为了赢得竞争，在产业发生变化时，率先求变往往赢得先机，创新者获得的收益远大于承担的风险。在信息爆炸的今天，如若消费者和竞争对手同时知晓创新者的创意，创新引起的报道价值会将模仿者远远地甩在后面。

◆ **高效工具**。计算机和互联网曾被寄予厚望，被当作智力的放大器，但它没有办法像机械放大体力那么简单有效。计算机和互联网帮助了人们记忆、查找，但它不能帮助人们创造知识，它能让更多的人知道原本已经存在的知识，却不能提升一个人的智力水平。计算机和互联网作为智力工作的辅助工具，运用得越是精妙，越能提高劳动效率。如前文所述，高效的互联网公司提升人均编码量的一个秘密是他们发明了一些自己的专属工具。

单独考察一个方面，某些公司明显具有较高的效率。在手机行业，小型手机设计公司人均设计手机的数量明显高出传统手机公司，但它缺乏市场运作能力，缺乏让其产品精确瞄准市场的能力，故而很难显示出卓越的竞争力，只能靠较高的编码和硬件效率做智力蓝领公司。假定手机设计公司的效率长期高于综合性手机公司，设计公司将会打败综合手机公司的设计部门，从而形成横向整合。在家用电器行业，通常的情况下，设计公司和家电品牌拥有者之间形成了分离的关系。

但在企业的经营活动中，很多的环节并不容易分离。一家高效公司必须在很多环节上都有过人之处。

苹果比戴尔更强悍的地方在于它集成了戴尔所有的优势，它有世界最佳的供应链，最佳的对上游砍价的砝码，最佳的销售方式和销售效果。但是，它不遵从福特和戴尔原则——提升效率、降低价格以占领市场。苹果公司通过高价格占领市场，它用封闭的产品模式提高竞争者仿效的门槛，试图以此保持长期创造高利润的能力。

苹果具有高效公司的四个特征。第一，它是精确制导的典范，是如此巨大规模公司里面产品种类最少的，几乎每种产品都能命中靶心，以最少的投入占领最多的阵地。第二，苹果有追求卓越的强烈动机，从不想用一般的员工、做一般的产品、按照通常的游戏规则出牌。第三，苹果的每个环节都追求最佳效率，它从不开放资源为外界所用，希望自己收割所有可能的利益，而不创造外部性效益。第四，苹果也是一家率先求变的公司，从产品设计、制造到销售模式，苹果总是力图创新，修正原有模式中对自己的不利之处。

优秀的互联网公司通常都符合高效公司的四原则。互联网服务不同于有形的商品，其竞争没有边界，优质的产品可以瞬间扩散，服务于全球，一个应用通常不能容纳多个厂商并存。互联网公司在命中市场方面并没有区别于其他行业的方式，也是通过试错的方式找到正确的方向，但互联网的迭代开发模式比传统产品模式试错要快得多。传统产品公司几年发布一个新的版本，而小米公司每个星期都更新它的操作系统，这样可以让产品活起来，保持用户和公司的紧密联系。电信运营商通过向设备公司购买产品提供业务，若干年才能更新一次，而互联网公司必须自己开发业务软件，根据市场需要，实时更新。银行的业务软件几年才能改动一次，而且要兴师动众，工程浩大，而阿里巴巴的支付宝随时更新。互联网的特殊模式让他们可以随时发明一些为自己所用的高效的工具，所以，互联网公司尽管没有妙招，但通过快速进化，其市场命中率远高于传统模式。互联网公司对人才的重视远高于传统公司，优秀的程序员、设计师、营销专家、策划者都可以拿到很高的报酬。在传统公司，拿到高报酬的唯一方法就是担任越来越高的职位。互联网公司显然有自己高效的工具和生产方法，对于传统公司而言，流程则是不可侵犯的铁律。互联网产品服务化之后，互联网公司必须保持时时刻刻的创新，以攫取新的机会，而传统公司则缺乏这样的动力。

04

精确制导

无效劳动是效率的第一杀手，大公司和小公司都充斥着许多不能命中市场的无效劳动。谁瞄得更准，谁的效率就高。

怎样才能瞄准是一个不太容易阐述的问题，每个人生产每种商品大多都是奔着畅销品而去，而事实上只有为数不多的产品畅销。每个项目上马时都会有乐观的预期，而实际上大多数都会以失败告终。

那些做过畅销品的公司，也不一定找到了瞄得更准的法门。成功更像是可遇不可求的概率事件，而不是必然事件。在“刀锋”手机卖了5000万部之后，摩托罗拉再也拿不出吸引用户的产品，于是公司一落千丈。LG在“巧克力手机”大获成功之后就偃旗息鼓，于是流于平庸。

公司经营就是要努力战胜数学概率。确实存在一些命中率出众的公司如苹果公司，苹果千里走单骑策略成功后，很多公司对苹果的成功垂涎欲滴，开始转变带有宿命论色彩的观念，试图从“机枪扫射”策略转变成“激光制导”精确打击。

不能命中靶心的失败

大公司失败和小公司失败的原因差别很大，小公司往往没有成功过就倒下了，或许因为没有合适的产品，或许因为商业模式不成功。大公司意味着是成功过的公司，这证明它们的产品是有竞争力的，商业模式是合适的，它们抓住了行业本质等。

吉姆·科林斯专门研究了这些失败的公司，写成了一本《再造卓越》的书。据称他研究的公司总寿命有6000年之多，这些公司失败原因多种多样，但都会经历以下5个阶段：狂妄自大、盲目扩张、漠视危机、寻找救命稻草、被人遗忘。

下面我们分析的重点放在失败的客观原因上。

行业发生变化

每个行业都有它的本质，在某个行业干久了，就知道这个行业怎么玩，这就是抓住了行业的本质。但是，行业的本质很难总结成显性的知识。

人们对行业本质的理解是实践先于理论，每当行业本质发生变化的时候，行业内的公司往往无从察觉，所以通常很难及时发现、改革、适应，仍旧按部就班地运营，直到被新公司取代。

手机行业是一个变化特别快、特别显著的例子。早期的手机都是移动设备商的产品，爱立信、摩托罗拉将其移动设备技术上顺势移植到手机上，圈外的公司无法越过技术门槛，被挡在门外；第二阶段，手机变成了一种时尚产品，诺基亚抓住了这次潮流，成为行业的领军人物，通过打造手机外形和电子消费品的营销方法形成了竞争优势；第三阶段，苹果又因抓住了手机成为移动互联网终端的机会而胜出。

卡莉·菲奥莉娜 1999 年入主惠普任 CEO，当时惠普高端的 UNIX 产品已经受到 PC 的严重侵蚀、同时受到转型到高端服务业的 IBM 的打压，低端的 PC 产品则遭遇一堆低成本 PC 公司的竞争。卡莉的任务就是解决这种被动的局面，重振惠普的辉煌。卡莉上台之后做了两项比较大的变革：其一，斥重金收购了当时最大的 PC 厂商康柏公司；其二，改变了惠普传统事业部的组织模式，这种模式的要点可以简单理解为各自为战，PC、打印机、小型机等各有客户经理和产品经理，各自卖各自的产品，这样就简化了客户界面，口径变得更统一。

单一的界面既有利于客户，也有利于卖方公司。但这只是大致的理论，并不是真理。当时，笔者认为这个改革必定失败，因为惠普产品之间天然缺乏紧密联系，用户的采购传统也是由不同的部分负责的。果不其然，没过几年，惠普又改回了原来的事业部模式。

笔者没有不尊重卡莉的意思，只是借此案例说明对行业本质的把握绝非易事，即便是成名成家的商业领袖也经常会出错。尤其是行业发生变化之时，能够见微知著、洞悉行业的本质是非常困难的。个人学习一门新的知识，适应一个新的行业并非难事，要让整个组织适应行业变化则更不容易。

最近，ICT（信息通信技术）行业仍然是一个活跃度非常高的行业，行业频繁变革，并且波及传统行业。例如电子商务对传统零售业的冲击，IT 正在改变传统的电视行业等。

人们常常把别人的失败归结于显而易见的原因，但其实并没有那么简单。2012 年，柯达公司申请破产保护，网络上说得最多的就是柯达缺乏远见，没有及时从胶片行业转型到数码行业，事实却并非如此。《哈佛商业评论》上发表了一篇《2012 柯达沉没》，笔者觉得这篇文章写得特别好，作者列举了一些重要事实：事实上没有人比柯达更有远见。文中写道：

王佳、李艳杰《2012 柯达沉没》节选

对于柯达的倒下，外界普遍认为，是传统胶片业务的巨大成功，让柯达没有迅速适应市场需求和行业变迁做出调整。但回顾这段历史，人们却惊奇地发现，其实柯达早已认识到了技术革新的重要，并为此做出改变。

柯达前高管、罗彻斯特大学西蒙商学院教授拉里·马特森（Larry Matesson）表示，他曾在 1979 年撰写过一份非常精准的报告，预测了市场的不同部分将如何从胶片时代转向数码时代，首先是政府勘测机构，随后是专业摄影领域，最后则是主流市场，到 2010 年将全面普及。他的误差只有几年。

请问，谁能有长达 30 年的远见？

数码相机是一个新兴行业，进入者包括传统的相机公司、家电厂商等，凭什么胶片公司就能在竞争中取胜？转型不成功是常态，成功了则是奇迹。

公司的兴衰更迭既取决于该公司是否走在正确的道路上，也与该公司的资源状况有很大的关系。行业发生变化时，有察觉不到变化的失败，也有无能为力型的失败，但首先，你得能够察觉到行业的变化，才有可能准备应对之策。

争夺新领地

对于一些稳定的行业，多年持续竞争的结果会形成相对稳定的格局。就像动物的领地，时间长了就会形成一种生态平衡。做老虎机的不会去开赌场，卖百货的不会自己去生产产品，各行各业泾渭分明，不会轻易跨界。

当新物种引入时，生态平衡被打破，要经历一段时间的江湖混战，再重新划分势力范围和领地。经历几年的混战，市场会选举出更适合者生存，而适合者通常来自于同一个行业，很少有分属不同行业的竞争者都在新行业取得成功。

2000 年前后迎来了互联网第一波浪潮，创业公司、软件供应商、媒体公司、电信运营商等都去争夺这个新兴的机会。几年过后，只有创业公司生存下来，并且发展壮大，全球的电信运营商无一在互联网行业建立起像样的基业，即便是微软这种实力强大的公司也屡战屡败，难执牛耳。

企业都是行动主义者，对行业的本质缺乏真正的认识。为什么全球的电信运营商进入互联网行业都不成功？互联网公司进入手机行业能否成功？每个公司都在思考这样的问题。

笔者通常用“谱系”说来解释行业的归属。一个新兴行业有它特有的本质，这个本质越接近哪个旧有的行业，那个行业胜出的概率就越大。互联网本身是一个创新密集型行业，它不需要遍布各地的地面部队和资源，电信运营商进入这个行业没有任何可利用的优势，这个行业不属于它们是理所当然的。这就好比生物进化的亲缘关系，高头大马是从始祖马进化来的而不可能是牛。

数码相机虽是一种新的技术，传统相机、家电公司、胶片公司等起初都在争夺这个市场，最后证明这是传统相机的领地，其他厂商即便开始取得了一些声势，最后也会慢慢衰退。

2012 年，因为智能手机爆炸性增长，手机行业成了新的战场。原本混合了专业手机公司、家电厂商、电脑厂商的手机行业又添新军，互联网 ISP 集体杀入了这个领域，阿里巴巴、百度、奇虎 360、盛大等都以不同的方式尝试进入手机行业。还有一堆公司忙着改造安卓的代码，试图提供定制的安卓系统给手机公司使用。还有人开设了自己的软件商店，相当于在Google 开设的超市旁边开小卖店。各种商业形态，各种公司参与，手机行业成为一个极其复杂、多样化的行业。混乱的市场，最终只有几个胜者证明他们的方式是可行的。

异种生物入侵都因不适合环境而遭到淘汰，但偶尔也会取得巨大的成功，这是跨界的吸引力所在。例如 PC 和 UNIX 工作站竞争的案例，由于 PC 物美价廉，性能不断提高，最终革了 UNIX 工作站的命。跨行业进入应该是一种比较自然的演进，而不是霸王硬上弓式的“大跃进”。

通常一个行业遭到低生态位竞争的实质性入侵，高生态位的好日子就结束了。日本原本横扫全球的家电市场，但等到中国厂商全面规模进入这个行业，日本厂商的日子就不好过了。尽管它们的产品仍然有较高的品牌溢价，可这仍然填补不了较高的成本。

改革、创新当然是好事，对于一个新进入者而言，有一定程度的创新是很重要的。然而，一定要明白创新的基础是熟知现有行业规则的来龙去脉和不足之处，而不是上来就鲁莽地“破四旧”。改良旧规则的基础是深刻理解旧规则。

效率的失败

任何一个公司的失败或者成功都有其特有的故事和原因，只有一点是相同的，效率低者失败。公司研发能力过硬、高效，但市场能力低下，策略脱离行业的本质，没有洞悉行业的变迁，产品没有命中靶心等，本质上都是一种低效率。

生物进化学也常用“效率”这个词，这里的效率并不是狭义的跑得最快、进攻最为凶猛，而是一种恰当的平衡。猎豹的速度是一种效率，乌龟的铠甲也是一种效率，效率指的是用最少的代价获得尽量大的收益。乌龟沉重的铠甲导致行动缓慢，却获得了很好的防守效果；猎豹虽快，如果追逐一只野兔的能量消耗大于所得也是没有效率的行为。

关键决策

效率是日常工作决定的，而有效性却是瞬间决定的。有效性是效率的前提，用户不接受的产品做得再好也没用，商业模式不合理，即使累死员工也无法取得优异成绩。

滑铁卢战役是世界军事史上一次著名的战役，也是少数单凭一场战斗就赢得决定性胜利的战役。然而，又有多少人知道，仅仅是一分钟，便决定了这场战争的成败。

当时，拿破仑兵分两路：拿破仑带领 2/3 的主力部队准备和威灵顿率领的英军决一死战，另外 1/3 部队由格鲁西率领，任务是追击布吕歇尔率领的普鲁士部队。战场上形成了以拿破仑、威灵顿、格鲁西、布吕歇尔为首的 4 股作战力量，谁能先联合一方夹击敌方，就能击溃敌方。不料拿破仑提前遭遇威灵顿，格鲁西在隐约听到炮声的情况下误判形势，谨遵拿破仑的指示，按兵不动，死等普鲁士军队；而本来应该是拿破仑和格鲁西会合夹击威灵顿，却因为普鲁士军队率先迂回绕道和威灵顿军队会合，夹击了拿破仑。此战改写了世界历史，皆因格鲁西在一分钟之内做出了错误的判断。

我们身边的历史也总是在关键时刻决定走向。一只股票可买可卖，可一买一卖，决定了亏和赚；一只手机上市，你可以定价为 1999 元，也可以定价为 2499 元，一个简单的数字决定手机销售的走向，从而决定成败；一个公司在关键时刻，可以决定扩张也可以决定收缩，这也会导致这家公司不同的命运。

IBM 因成功研发了大型计算机将竞争对手远远甩在后面，在 1984 年，IBM 达到了辉煌的顶点，但此后，由于开放系统、小型计算机和 PC 的兴起，逐渐瓦解了 IBM 的竞争优势。

从 1986—1990 年间，销售额的年增幅只保持在 3%～6% 的水平，而盈利在 1986 年降低了 27%，此后连年下降，到 1988 年盈利只有 57.4 亿美元，1989 年进一步降到了 37.2 亿美元。虽然 1990 年在销售额增加 5% 的情况下取得了 59.7 亿美元的盈余，但这笔收益中很大部分是来自于诸如 4 年前投放市场的 AS/400 小型机的销售余力，大型机分部在 1990 年年初

为促进现有机型销售而采取允诺现货购买者可得到下一年度新推出机型“可观价格优惠”的促销手法。IBM的高层领导没有意识到1990年业绩回升中潜在的不持久性，反而判定这是因为前几年推行的“改革”初见效果。也许受这种认识的误导，证券分析家也乐观地预测IBM公司1991年将盈利70亿美元，埃克斯董事长本人也向董事会许诺股票分红将提高35%。1991年2月底，埃克斯还向董事会报告一切进展顺利，可忽然在半个月后不得不宣布IBM第一季度发生了17亿美元的亏损，并将原因归咎于海湾战争冲击和美国经济萧条。

1992年年初，证券分析家再次预测IBM本年度将取得40亿美元盈余，可结果完全出乎人们的预料。IBM在1991年亏损28.6亿美元后，在1992年继续恶化，出现了商界少见的49.7亿美元的大亏损。1993年1月，IBM股票价格跌至每股40美元，达到了17年来最低价，从而构成了对公司高层领导改组的压力。1993年1月26日，埃克斯在宣布了将公司历史上从未有过克扣的每年超过25亿美元的红利分配削减55%以后，提出了引咎辞职。

（摘自《IBM公司的兴衰史》）

经营活动通常是平稳的，但行业频繁变动，决定走向的关键时刻也会出现。一家公司销售和利润出现了显著的下滑，高级经理去销售机构调研。其中一位经理的调研结果是办事处还藏有很多利润，只要稍微用力挤一挤，海绵里还可以挤出很多水来。另外一位高级经理的调研结果正好相反，他认为办事处为了完成利润指标，已经做了很多假账，公司的实际情况比表面数字反映的情况更糟糕。很显然，不同的判断将决定公司的走向。

精心策划，复杂分析，最终需要得到的是一个简单、易于执行的结论。苹果产品在此基础上的定价能让自身利益最大化，但大多数公司仅凭经理的粗、错感觉草率决定价格，最终对公司的运营效果产生恶劣影响。读者也许会想，这没有什么，价格定高了之后可以调低。这也是大多数公司的做法，但是，包括身临决策层的业内人士大多数都不清楚，调试的价格和精确命中的价格有本质的不同。在快销产品中，如果不能第一时间最有效地赢得客户，用户马上就会关注另外的产品，再也不会回头关注你的产品。并且，如果总是调价，渠道和顾客就会对你失去信任，从而带来巨大的潜在损失。

广告也是一个“关键时刻”的行当，精心的策划，绞尽脑汁的思考，最终就是为了那一两句话要传递的诉求。但越是简单，越难以达到最佳的极致的效果。

写书的人都知道，书名是最难起的，每个作者都想用好这几个字吸引读者。在信息爆炸、消费者的注意力被极度分散的情况下，标题变得越来越重要，一篇好文章往往不如一个好标题，文章再好，没有人看也是没有用的文章。

领导之所以重要，原因就在于他掌握着关键时刻的选择权。拿破仑不选择格鲁西，或者格鲁西在关键的时刻想起“将在外军令有所不受”，直接带领部队奔赴炮声响起的地方，被包围的就不是拿破仑而是威灵顿。马谡但凡认真考虑一下王平的建议，街亭可能就不会失手。

复盘显示，大多数错误的选择都因缺乏谨慎和多角度思考，骄兵必败就是这个道理。为了抓住关键时刻，深思熟虑、集思广益是非常必要的。关键的棋不能随手就下，一部手机也决不能草率定价，每一个最终的结论都要有关键的逻辑和预判支持。

可以说，把握好关键时刻不会有特别的窍门，但其中有几条是比较关键的。

第一，资讯和工具。拿破仑时期如果有电话，格鲁西就不会有那样的失误。战争的方式因资讯技术改变了许多，企业也因信息技术改变许多。象牙塔里的管理学家虽然发明了一些分析工具，帮助企业做出选择和决策，但这些东西远未达到科学的程度。财务数据虽然摆在那里，在发生问题的时候，不同的人还是会有不同的解读。但是资讯仍然非常重要，如果你的企业出现了和 IBM 当年类似的情况，你对这个案例的熟悉程度就会影响你的判断。

第二，战胜人性的弱点。心理学证实，自负是绝大多数人非常明显的心理特征，越是位高权重者越会加强这种与生俱来的自负。历史上很多重大的失误都与决策者的自负有关。扁平的组织结构以及领导的平凡化趋势可以在很大程度上削弱自负，所以不难发现，越是集权化的体制，离谱的决策越多，要真正战胜人性的弱点，还得从自我做起。

第三，决策机制。政治组织的决策机制在数百个到数千个政治体中演化了几千年，而企业的决策机制则在数十万个组织中进化了百年。决策机制的演化非常缓慢，也有些许进展。在国家体制中，重复了几千年的帝王专制几乎绝迹，在企业中，福特式的管理方式已经很少被采用。在决策机制中，有的企业比另外的企业要好，而互联网作为一个典型的智力密集型行业，其决策机制要优于传统产业，这正是互联网思维模式的要点之一。好的决策机制通常是个人权威加上组织驱动模式，尽量保证不同的角度、专业看法和领导的眼光等因素结合在一起。

第四，经验。平常的决策靠经验，在一个行当磨砺久了，勤于思考的人更容易掌握其中的诀窍，有经验的老手比没有经验的新手清楚手机应该定多少价格合适、库存多少更合适。而在变动时期，睿智更关键，不同的角度、异质思维更胜一筹，这时外行经常战胜内行。

第五，也是最关键的一点：必须有卓越的人才。这是我们下一章要讨论的问题。

选出“最大的麦穗”

人们常把经济体的成败归于最高的首脑，我们常常听到这样的话，“乔布斯在第一回合被盖茨打败，在第二回合则打败了盖茨”、“郭士纳拯救了 IBM”、“韦尔奇重塑了 GE”等。

权力金字塔

为什么总是将荣辱归于最高统帅一人？其一，这是为了叙述上的方便，无论写小说，还是平时讲故事，总得有典型人物和主角。其二，不管是一支队伍，一个国家，还是一个经济体，只有最高统帅才有最大的思维自由度，所有重要问题的决策，最高统帅都可以参与，其他团队成员必须在统帅划定的圆圈中思考。家有千口主事一人，这个原则到什么时候都很难改变。即便是海星式组织、学习型组织、创新型组织、分权组织等，也只是对传统官僚组织的修止，人毕竟是灵长类动物，不可能真正用白蚁的方式组织生产。

假定最高统帅和下级有一模一样的想法，最后的功过仍然要归于最高统帅，因为只有他的想法才有最终的执行力。所以水淹七军的功劳归于关羽，火烧赤壁是诸葛亮和周瑜的功劳，纵然其他人想到同样的办法，或者这样的主意出自一个无名小辈，功劳还是会被记在统帅头上。人们说“乔布斯设计苹果手机”，而通常忽略了苹果的设计总监艾弗，而真正的设计可能也不是艾弗个人的产物，而是吸收了很多人灵感的混合物。艾弗就不理解这一点，他觉得有很多他的想法被记在乔布斯头上，他很受伤，但实际上为数众多的设计师成果也都记在了艾弗头上。

所有的组织都没有真正超越马克思·韦伯详细研究的官僚组织。韦伯先从权威开始研究，有社会组织的地方就有统治和管理，有统治和管理就得有统治的道理，人们服从统治的道理就构成了权威。任何一种组织，都是以某种形式的权威为基础的。权威能消除混乱，带来秩序，实现组织目标，推进社会发展。

韦伯认为权威分为三种。第一种，传统型权威。祖训、经验、习俗等是传统权威的基础，中国的三纲五常就是传统权威结构。第二种，魅力型权威。它建立在非凡人格、英雄气概、创业奇迹的基础上，实质是个人崇拜。第三种，法理型权威。这种权威又可被称为法定权威，是建立在相信规章制度和行为规则的合法性基础之上。法理型权威以规则为统治的出发点和最终的归宿点，只有根据法定规则所发布的命令才具有权威。

最为极端的权威组织是军队，军队的层级关系非常明确，下级必须绝对服从上级命令。这是为了保证作战中的执行力，因为军事任务千钧一发，只有劲往一处使，才有最大的胜率。

简单地说，企业制度应该是基于第三种权威建立的一系列规章制度和职能分工。企业的权威组织并不像军队一样严格，但不同的企业长官的权威程度有较大的差别。一般来说，权威性越强的组织通常执行力越强，但它会很大程度地压制下级的主动性和创造力。在这种情况下，一个公司的思想高度受限于首脑的高度，一个部门领导的水平就是整个部门的天花板。当法理权威水平较低时，无法识别建议的优劣，也分不清忠奸良劣，旧时昏君周围通常聚集着奸臣，这就是自然选择的结果。

解放塔座的生产力

韦伯归纳的官僚组织出现在工业革命后期，适合劳动密集型时代的企业，但却在管理智力密集型企业时遇到了较大的问题。假定有一家设计、销售手机的公司，另外一家则是生产手机的厂商，如若采用官僚组织，后者就可以比较容易地将手机保质保量地制造出来，前者却无法保证设计出最好的手机。因为手机设计的选择千千万万，最好的方案可能在一个基层员工头脑之中，官僚组织没有办法进行较为充分的选择。简言之，官僚组织对比较确定的任务更加有效，业务中存在的变数越多，官僚组织就会暴露越多的弱点。

在创造性劳动中，组织越开放，解放的生产力就越多。我们发现，对创新需求越强烈的行业，组织就越开放，如互联网企业。Google 允许普通员工自发组织项目，其“想法邮递列表”已经不是秘密，这就像一个面向全公司的可以由员工发布任何想法的留言板。Google 还允许每个员工对新想法加以评论和打分，使最有创意的想法能涌现出来。

创新型公司必须找到尽量多的创新源头，它必须突破金字塔式的领导人至上的决策机制。好的想法不是没有，往往是找不到。就像大卫·奥格威（著名的广告人）所说：“寻遍世界，偷取创意。”或者如毕加索说的，“好的艺术家是抄，而伟大的艺术家是偷”。谁更有慧眼，更擅长选择，谁就会有更好的创意，更好的产品。

以编写百科全书为例，传统官僚组织和现代网络的无序组织之间明显不同。传统编写百科全书要找到各个门类的权威、学者，由数万人编写。网络百科全书则是一种自由的、将组织降低到最小的编写方式。他们不知道哪个角落的人更擅长哪方面的知识，谁都可以编写、修改其中的条目。《中国大百科全书》先后组织2万余名专家、学者，取精用宏，历时15年，终于纂成了这本鸿篇巨制，全书共收录7.8万的条目，总计1.26亿字。百度百科2008年正式上线，2012年年中，词条就达到了500万条，绝大多数人都用过百度百科，其质量还是不错的。

网络开放的结构很快就使网络百科全书超越了纸媒时代组织庞大队伍编写的百科全书。军队和生产线现在仍然采用由韦伯定义的纯官僚体系架构，但这是另外一个极端，它的基本原则是下级对上级的绝对服从，从古至今，这个原则都没有变化。对于确定的任务而言，一个萝卜一个坑更合适。

大部分实际的智力工作不是编写百科全书这样的平行智力劳动，也不像军队一样是有确定任务的纵向智力组合，而是处于中间地带的智力活动，其组织方式毫无章法可循，任由管理者的性格决定一个组织的成绩。在这种情况下，组织者不同的理念就会显示出较大的差别。

从纯粹的天然智力上讲，人类智力分布的规律天然具有80%的交集和少部分的补集。在这种情况下，缺乏明确界定和分工的智力活动将会造成巨大的重叠，每个人都倾向于将自己的看法当成独特的看法。在一个大公司中，组织强制力稍弱，就会出现不同的组织瞄准同样的市场，做同样产品，出现重复劳动的情况。每个组织、每个个人交集的部分往往也是最容易、距离直觉思维最近的部分，只有逼迫部分人远离这个部分，才可能将思维方向引向迥异的领域。智力的强制分工对于一个具体的经济体而言，是必不可少的。公司通过专业分工，让智力活动聚焦在一个狭窄的频段上，以提高振幅。

企业在寻求最佳路径时尝试了各种方法，有家长制一言堂，也有分散决策的事业部制，有乔布斯一人说了算的模式，也有决策委员会模式。诺基亚采用决策委员会方式也取得过辉煌，其运作方法是每个项目都会由不同部门的负责人组成委员会，设定召集人，但召集人不被授权做决策。

通常来说独裁方式适合有确定任务的组织，而更扁平化、更民主的组织更适合变化中的企业和行业，独裁适合执行，扁平的组织更能创新。

2012年申请破产保护的柯达就是过于迷信领导人的权威和等级制度森严的公司。“伊士曼（柯达公司创始人）认为，一个团体若想发展良好，必须具有良好的精神引导，而这个团体的领导人物必须担此重任。‘他创立并管理柯达公司的模式和乔布斯的模式简直如出一辙——对每个细节都实行绝对的控制，因为他们想要最好的质量。’柯达公司前发言人保尔·艾伦如此评价伊士曼。柯达历史上有段时间甚至自己养牛，因为伊士曼需要从牛骨中自行提取用于制造照相明胶的物质。”

集权会带来严重脱离实际的指鹿为马现象。“（柯达）现任CEO彭安东表示，在他刚担任COO（首席运营官）时，手下甚至不敢公开反对他。‘即使外面阳光灿烂，如果我说在下雨，没人敢说是天晴。’所以，第一把手说‘不转型’，也不会有太多人敢明着反对。”①

如何找到“最大的麦穗”②？这是一个古希腊时期的难题，苏格拉底让他的学生到麦田里面摘一颗最大的麦穗带回来。不能走回头路，一旦摘下麦穗就不能再摘其他麦穗。这个故事有很多的寓意，不能走回头路就像时间流逝不可重返；不能丢掉手中的麦穗意味着一个机会排斥另外一个机会，不可兼得；这个故事还有这样的寓意——如何在众多意见中选择正确的意见？如何在众人之中选择最具有智慧的人？

自从人类开始思考、开始选择，“最大的麦穗”已经困扰了人们数千年，苏格拉底的方法也只是给出理性选择的模糊解释。在战争中，胜负关系到性命，是人生中最大的赌注，在这种压力之下，找到最称职的将军、最佳战略战术也是困难的。

所有的管理类书籍都会谈到决策问题，德鲁克认为管理的核心任务就是决策，也有人对决策做了一些“科学的模型”，声称按着这些模型所规定的方法和

---

①王佳、李艳杰：《2012柯达沉没》，《中国经营报》2012年2月4日。

②“最大的麦穗”源自苏格拉底的故事。苏格拉底要求学生摘一个最大的麦穗，但不许走回头路。学生们总觉得最大的在前面，于是直到尽头依旧两手空空。苏格拉底的方法认为，既然最大的麦穗你不一定能碰到、碰到也不一定能准确判断，最大的即为刚刚摘下的。——编者注

步骤马上就会找到相应的答案，实际上并不是这么回事。“找麦穗”难题原则上仍然是无解的，“最大的麦穗”是找不到的，但“较大的麦穗”则是可以找到的。

现代管理制度已经开始打破僵化的等级制度，创新型企业已经不同于跟随和模仿型企业的组织结构，更开放、更开明的决策者更能博采众长——他们不像巴比伦王朝时期的国王，认为自己是另外一种动物，较佳的管理者应该是能够博采众长的独裁者，能够虚心听取最低级别雇员意见的暴君，深知自身弱点的自负者——必须把这些矛盾的特质集于一身。

对于普通员工来说，他们也像领导一样，对自己的无知、幼稚和浅见缺乏认识，通常情况下，他们了解的信息更少。目前很多企业开的头脑风暴会议多，得到真正有价值的信息少，会议经常变成毫无意义的漫议。开放的组织比官僚组织更难管理，只有每个人学会约束自己，扬长避短，才有可能提供真实的价值。当然，最好还是要有天才员工。

彼得·圣吉说，对组织而言，只有一个人在学习是远远不够的，不管这个人是福特、斯隆还是沃森。由高层“指出前景”，而其他所有人都跟随这个天生战略家的指引——现实生活已不太可能出现这种情况。未来真正优秀的组织，将是能使组织内部所有层级的员工都自觉进行学习的组织。

明星产品

从经济利益上讲，说一千道一万，最终还是要有一个明星产品才可以获利。

保龄球投掷的对象是 10 个瓶子，一个球砸倒 9 个瓶子看起来和砸倒 10 个瓶子似乎差异不大，但是，如果你每次砸倒 9 个瓶子，最终得分是 90 分，而你如果每次都砸倒 10 个瓶子，最终得分将是 240 分。

2012年1月30日，经过5小时53分钟的鏖战，德约科维奇战胜了纳达尔，其实，他们之间的胜负就在于几个关键球的争夺，二人之间差距很小。最后德约科维奇战胜纳达尔，获得220万美元的奖金，纳达尔则只有110万美元。

在电视普及之前，县级篮球比赛有人看，市级篮球比赛也有人看；电视普及之后，大家只看全球顶尖的比赛——NBA（美国篮球职业联赛）。

产品也遵从这样的法则，有时好一点点，价格就可以高一倍。比如苹果手机只是比很多手机好一点，售价却加了一倍，但顾客仍然排队购买，难怪它夺走了行业75%的利润，而它的市场占有率只有8%左右。

也许你会说，保龄球的规则和其他体育比赛的规则都是人为制定的，斧凿之痕太重，不是自然演化的结果。实际上社会的积分规则也是这样：只要你每次比别人稍微优秀一点点，能再多坚持一会，就可能赢得更多机会。当初的机会会通过马太效应逐渐放大，最终造成人与人之间巨大的落差。

少数人挣钱并没有削弱人们参与这个行业的积极性，因为少数人挣的钱实在太多太容易，这样会吸引很多人投身到这个行业中作为金字塔座或者炮灰，给顶尖人才的选拔提供了持久、可靠的基础。

现代社会很多行业都是彩票业的变种，多数人参与、少数人挣钱。因为少数人挣大钱，又能够持续吸引大批踊跃的参与者。对于一个理性的人而言，通常不会指望买彩票发财，也不会指望通过选秀一夜成名，而是老老实实地做实业，但最后发现实业与彩票也有很多相似之处，火了就赚大钱，不火就可能血本无归。实业也是彩票业，只是比彩票多了一些主观能动性而已。人们管这个时代叫"胜者通吃"。

历史上的明星产品也要比今天暗淡得多，因为重重隔离带削弱了它们的势力范围：交通运输成本过高，传播过于缓慢，不具备大规模制造的能力，老死不相往来形成的文化多样性和区域偏好等。重重壁垒限制了传播和竞争，不管是有形的商品还是个人本身作为商品都偏安一隅，在一个小范围内重复着小农经济。

后来，出现了很多放大器，机械化、流水线解决了大规模生产问题；广播、电视机、计算机网络、通信网等媒体解决了传播问题；四通八达的交通网络解决了扩散问题……这些放大器最终破坏了隔离带。

谁能最有效地借助放大器，谁就可以以一敌百。明星行业只是碰巧以最简单的方式、最大限度地利用了放大器。

一个行业越单纯地利用了放大器，最少牵涉到阻滞因素，越有可能像明星一样胜者通吃，以一当百。2011 年年底，百度疯狂扩张到 15000 人，这一年他们的纯利达到了 10.5 亿美元，比上年增长 88%。同样非常优秀的华为拥有 14 万人，利润 20 亿美元，同比下降 50%，即便最好的年份，人均利润仍然也只是百度的三分之一。

华为和百度的区别就是行业内在属性的区别。华为要想将产品转化成收入需要很多步骤，大体上经过“研发—生产—面对面推销—竞标—中标—实施”等步骤。每个步骤必须耗费人力，每个步骤都会产生很多的阻滞因素。华为的客户都是电信运营商，设备采购是较为重要的采购活动，客户为了得到尽量好的价格、服务和适用的产品，会对华为形成大量的障碍，每个障碍都需要人手去攻克，这样会消耗大量的劳动力，螃蟹效应让谁都无法解脱，劳动生产率始终无法大幅提高。百度的业务却要简单得多，用一个质量尚有竞争力、占据先发优势的搜索引擎，它的商业自然而然就成长起来。搜索引擎的商业模式很简单，免费给使用者提供关键字搜索，积累用户基数足够大、流量足够多之后，再向企业兜售关键字。2011 年，百度共有 44 万客户，每个客户年平均贡献 29700 元钱购买关键字，购买价格由竞标决定。华为存在关键的胜者通吃的阻滞因素，百度则不存在这样的问题。一个可以利用放大器的行业比一个很难利用放大器的行业更容易爆发，就像最出色的管道工和牙医远不及歌星挣得多一样。

这并不是说做搜索引擎或者互联网业务就赚钱，实际上，互联网行业有大把人在赔钱，只是说像搜索引擎这样的业务比传统 B2B 业务更有爆发力，有更多“以一当百”的可能性。现代社会提供了许许多多的放大器，引领潮流的企业必须深谙这种变化的本质。比如，教书是一个很古老的行业，如果利用网络教书，教师的学生可以有成千上万。将来律师可不可能利用网络这个工具放大自己的业务？B2B 行业是否在冥思苦想如何利用新世界的规则、新的技术重塑自身？

娱乐明星、体育明星就是这样一种商品，它的特殊性并非是以人作为商品本身，而是这种商品能够以最小的成本传播、扩散。

2014 年 2 月 19 日，FaceBook 以 190 亿美元的价格收购了 WhatsApp，后者是一家提供用户手机即时消息通信服务的移动互联网服务商。收购时，WhatsApp 在全球共有 4.5 亿活跃用户，而员工总共只有 50 名，其中工程师 32 名，每名工程师服务的用户数高达 1400 万人，史无前例，即使每个用户贡献极小的收入，WhatsApp 的利润也是可观的。WhatsApp 能有如此高的效率，是因为他们通过网络开展自动化的服务，WhatsApp 的工程师提供的服务和将梅西或者乔丹通过电视给亿万观众观看有相似的原理。

归纳一下，具有明星潜质的行业有这样的特点。

◆ 增加业务量不需要增加许多人手。大多数的服务业都需要面对面的服务，这些行业的劳动生产率很难提高。产品行业的生产效率则会因为生产技术的改进大幅提高，因而相对于面对面的服务行业更有可能出现明星。

◆ 可以借助边际成本为零的媒体进行传播扩散。假定没有电视，科比·布莱恩特会少掉许多收入，王菲的巡回演唱会也不会有那么多的观众。没有电视就不会有家喻户晓的明星。

明星产品在所有的方面都更有利，它们可以拿到更低价格的原材料，可以得到更好的货架位置，有钱雇用最聪明的员工。明星会形成卖方市场，非明星则是买方市场。前者不需要推销人员，后者需要大量的销售员。

现在，必须意识到世间绝大多数行业或多或少都成为可以利用放大器的行业，具备一定的胜者通吃的属性。

要做出明星产品有很多法则，例如，专注、找到一个比较狭窄的定位、追求差异性、一招鲜等，但是最关键的则是需要明星员工。

争夺顶级员工，解放每个员工潜在的生产力逐渐成为当下智力劳动行业的理念，明星产品就是要解决智力纵向叠加的难题，它要求每个成员都具有顶尖的能力。牙买加可以选出 4 个当今世界最快的选手组成 4×100 米接力队，美国可以选出 40 个非常快的选手，但冠军还是牙买加的。尽管企业不受上场运动员数量的约束，靠堆积人数可以解决很多问题，但明星产品必须由明星来做。说来说去，发挥智力的效力靠组织方式也要靠人，这是互联网公司的思维模式，也是智力密集型行业竞争的焦点。

05

人定胜天

人定胜天有两个含义。其一，一个公司要想“以一当百”，首先必须有“以一当百”的强烈愿望，否则一切都是白搭。每个行业都有很多公司，大家按照类似的方式运营，保持平庸，不求进取。福特如果没有强烈的提高生产效率的愿望，就是一家平庸的汽车公司，不会引起生产方式的变革。戴尔如果缺乏追求效率、剪除冗余的天性，不可能发明直销模式。其二，必须设法找到以一敌百的人，优质员工在“以一当百”模式中是必不可少的。

例如，某公司有人向高层主管建言：“苹果人均年销售额接近 200 万美元，它的研发经费只占销售收入的 3%，只有诺基亚的 1/4。Google 研发队伍只有一万多人，人均开发量可能达到我们的 10 倍。我们人均年销售只有30 万美元，是不是应该改一改这种人海战术?”

主管：“不行！苹果是苹果，Google 是 Google，我们必须靠人堆，我们不能采用精英战略。”

很显然，这样的公司不可能成为“以一当百”的高效率公司。当然，笔者没有暗示这样的公司会失败，世界上成功的不是只有 Google 和苹果这类公司，沃尔玛和富士康也是成功的公司，只有全行业大部分公司都已经“以一当百”了，你还像蜗牛一样运行才会失败。“以一当百”会让你更卓越。

“主观故意”显然是非常重要的。优化流程、简化管理、砍掉冗余等是每个公司管理者的口号，但是，并非所有管理者都是真心这样想，得过且过型居多，精益求精型很少。

人定胜天就必须重视人的因素，在提升效率方面寻找天才员工是最重要的，没有金刚钻，揽不了瓷器活。

一种默认的观念认为，公司规模大到一定的程度，比如说2000人以上，人员平均能力将屈从于正态分布规律。笔者曾经也信奉这个观念，现在要修正一下这个观点。

清华大学的学生和内蒙古工业大学的学生学习能力一样吗？显然不一样。那么，为什么公司之间员工的能力就没有多少区别？这是因为：

◆ 同行业公司对员工都有相似的要求。IT公司都需要程序员，建筑设计院和机械研究所都需要绘图的工程师，相似的要求会选择出类似的员工。

◆ 智力工作的范围受到限制。清华大学毕业生和内蒙古工业大学的毕业生在加减乘除运算上不会表现出差异性；把跳高的横杆放在高度一米的位置，我和索托马约尔都可以轻松越过，也不会有区别。公司有一大堆这样的普通活，大多数的岗位不需要牛人，只需要平庸的人。但如果一个公司只求随波逐流，不追求卓越，优秀的人才就成了一种多余的奢华配置。在力求平庸的管理思想指导下，手艺人的活也变成了力工的活。这就是在人多的情况下，大家就屈服于大数法则的原因。

找到天才，发挥出天才的潜力，是公司取得卓越成绩的主要途径。公司必须要做那种一流人才才能做到的事，如果你把标准降低到了平庸的人也能做的地步，有一流的人才也没用。问题是，因为那个可恶的“管理理念”，绝大部分公司的目标都是尽量把每份工作变成平庸的工作，这样的公司是不可能“以一当百”的。

韩愈之问和管理思维

如何找到天才？这是一个古老问题。现代管理观念则放弃了寻找天才的努力，每个员工都在一个个平庸的岗位上，做着平庸的事情。

网络上有一个帖子说，诺基亚有一个5000人的高级研发团队，其中顶尖高手有500人，为什么这么多人就研发不出可以和苹果抗衡的好手机？笔者回复说，顶尖人才并不稀奇，苹果的特殊之处只是那个牛逼人恰好掌权，而大多数公司牛逼人基本上都压在底层，默默无闻。

韩愈《马说》

世有伯乐，然后有千里马。千里马常有，而伯乐不常有。故虽有名马，祗辱于奴隶人之手，骈死于槽枥之间，不以千里称也。

马之千里者，一食或尽粟一石。食（通“饲”）马者不知其能千里而食（饲）也。是马也，虽有千里之能，食不饱，力不足，才美不外见，且欲与常马等不可得，安求其能千里也？

策之不以其道，食（饲）之不能尽其材，鸣之而不能通其意，执策而临之，曰：“天下无马！”呜呼！其真无马邪？其真不知马也！

战国时期，时兴养士，《战国策》就记载了伯乐和千里马的故事，韩愈近一步把这个故事改编成千古雄文。

钱学森也发出了这样的感慨：“为什么我们的学校培

养不出杰出人才?”我觉得不是培养不出杰出人才，而是我们的制度无法选出千里马。

总统选举是一项最广泛的选举领导人的运动，即使每个候选人充分表演，彼此揭短，正反信息充分披露，也难免让相对愚蠢的人胜出，但是我们承认，指定优于世袭，选举胜过指定。

世人认为，伯尔尼专利局也没有办法发现爱因斯坦，他们只能碰上爱因斯坦。

自然界元素中的同位素通常都有一个非常固定的稳定比例。铀238占99.284%，能作燃料的铀235占0.711%，任何地方的铀矿同位素的比例都非常接近。人才也是这样，能干活的人注定只有20%，为了得到20个干活的，注定要招聘100个人。黄豆里面混合了黑豆，谁也没有办法将之分离出来。

智力工作效率低下是一个事实，是一个被很多人认可的事实，缺乏改进的办法也是事实。生意如果能挣更多的钱，就增加更多的人，规模化使然的递增的边际收益抵消人力资源效率递减的劣势，二者维持着一种脆弱的生态平衡。

韩愈《马说》中千里马重点强调的是“天才”。钱学森问“为什么我们的学校培养不出杰出人才”重点说的是教育方法。先天还是后天？笔者是一个先天派，总是愿意强调先天的禀赋和品行。但是，不能不承认，人是一种习得动物，人们几乎所有技能都建立在前人积累的知识基础上。天赋和学习的关系在体育上表现得最直观，天赋代表一个人的潜质，通过学习和锻炼才能将这种潜质变成一种真实的技能。天才难觅，教育也没有将每个人基因赋予的潜质挖掘出来。

这些难题，迄今没有一个特效解决方案，也许将来心理学和基因分析的进步才能给出确切的答案。现在只能做一些理念方面的修正。

两头用力

所谓科学管理就是把最佳经验提取出来，优化，并固定下来，让每个人都这样操作。砌砖是一个最古老的工作，在泰勒优化之前，每个瓦匠每小时可以砌120块，优化之后，则变成了370块，生产率提高了3倍。

福特的方法主要是努力将每个工种变成不需要手艺和技术的工种，他曾经说过，“我雇的只是一双手，结果你带来了一个多余的脑袋”。在其自传《向前进》中，福特做过如下统计：43%的工作需要不到一天的培训，36%的工作需要一天到一个星期的培训，6%的工作需要一个星期到两个星期的培训，14%的工作需要一个月到一年的培训，1%的工作需要一年到六年的培训——最后这项工作需要特别高的技能，例如刻模和制造工具。

工业时代管理的本质就是降低对人的要求，流水线和自动化让八级老钳工失业，各种各样编码管理目的就是为了让愚蠢的人编制的程序和聪明人的一模一样。咨询公司一定需要更具远见卓识的员工吗？不是，麦肯锡模式的开创者马文·鲍尔做的事情，一言以蔽之，就是让所有人按照某种格式生产的咨询报告有相似的结果。

IBM在全球开展了庞大的咨询业务，它都雇用很有经验、很有见解的人才吗？非也，第一这样的人太贵；第二，也不可能雇到太多人才，即使雇到也不可能形成一个巨大产业。IBM能做到的就是可以让一个新毕业的大学生当咨询师，使顾客每天给他开的价钱相当于同等水平员工一个月的工资。如果IBM只能让非常天才、非常有经验的人去做咨询，它不可能成为一个巨大的产业。

成为员工能力的放大器是一个成功公司必备的特征，一个普通的销售员在一个“好公司”中可以年销售千万元，在一个普通的公司连一百万的任务也完成不了，按金钱计算的效率前者是后者的10倍有余。正因如此，“好公司”往往也成为藏污纳垢的场所，很多“南郭先生”也会混入其中，真正有才能的人却得不到发挥才干的空间。

很显然，这种方式没有什么错，毕竟依赖更适合者是不可控的。在体力劳动时期，泰勒确定的原则：第一，工人操作每个动作都必须用科学方法代替过去单凭经验从事的方式，泰勒已经证实，最好的经验都比不过用秒表测量得出的参数；但是，泰勒还有第二条管理法则，科学地挑选工人，并对其进行培训和教育，使之成长成才，并使之各尽其所能地进行自我培训，而不是像过去那样由工人选择各自的工作。

现在的管理中所谓的科学方法，就是用最聪明、最适合的人做这样的事，两个方向用力，效果才更佳。

绝大多数的东西都需要两头用力，比如用最低的成本卖出最高的价钱。没有什么产品不希望降低成本，即便是售价极高的奢侈品也有降低制造成本的压力。苹果手机的元器件比同类其他厂商更低，别看苹果产品价格卖得高，元器件采购杀价绝对不手软。同样，也没有产品不希望卖出更高的价钱。

毁人的观念

大多数公司走了极端，他们相信编码已经成为一个愚不可及的工作，这有一部分是事实，而主要部分却并非如此，只是管理者有意无意侮辱劳动者智慧的说辞。

一位管理者听信了印度高中生编制计算机程序的神话，决定招聘非名校的大学生，因为他们更老实、不容易跳槽、好用，结果根本编不出合格的程序，产品开发一塌糊涂。

有些公司则非常相信聪明人的能量，用乔布斯的二分法，相信一个天才相当于10个甚至50个平庸的人（比“以一当百”少一半）。顶尖大公司由于其声誉、待遇等可以吸引最有才华的人加盟，尽管在有些工作上，聪明人确实发挥不出能量。一位斯坦福大学的优秀毕业生到Google应聘，待遇挺好，但很快愤而离职，她解释说：“他们只让我干根本不需要动脑筋的文秘工作，我实在是受不了。”Google已经是最好的公司之一，可想而知其他公司的情况。现代企业管理制度就是得天下英才尽毁之。

有一种说法认为“以一当百”的员工是可遇不可求的，这种说法部分是事实。鉴别智力劳动者比鉴别体力劳动者要复杂很多，准确度也很低。然而，缺乏系统研究，让挑选智力工作者的活动变得更加支离破碎。每个公司、每个人都有其特别的、比较原始的“招法”，诸如诸葛亮看人法、曾国藩看人法、乔布斯看人法等。但最终，这些方法让找“以一敌百”的员工变得很困难，这些年来，这一问题毫无进展。

黑豆和黄豆混合在一起，它们大小一样，没法过筛；它们比重一样，没法用水来筛选；它们颜色区别明显，可是，很难用高效的方法把不同颜色的豆子分开。将人才和庸才分离出来，就像将自然界的同位素分离出来一样困难——要想将铀 235 和铀 238 分离出来，需要成千上万次的离心机过滤，因为它们的化学性质相同，利用原子重量的些许差异分离十分困难。

迄今为止，辨别天才和庸才都很困难，我们往往分不清周围人是天才还是庸才，也不太容易知道自己是聪明人还是普通人。2000 多年前，刻在阿波罗神庙上的那句箴言——认识你自己，现在仍然是一个难题。

优秀的领导者通常都能够驾驭两种完全相反的观念，他们一方面要尽量消除工作效果和个人差异的相关性，这是管理的目标，另一方面，也尽力寻找更适合的人才。卫留成曾问韦尔奇平时工作主要都干什么，韦尔奇说 80%的时间是看人。没有人会否认，把合适的人安排在重要的岗位是非常关键的。而现在的方法非常原始、粗糙、有限，企业选择领导者的方法和 2000 年前奥古斯都选拔继任者的方法没什么不同。最高领导也只能挑选几个人，大量的黄豆和黑豆混合在一起，浑浑噩噩地度日。

传统选人方法比较

即便在一些非常狭小、非常专业的领域，挑选人才仍然是一个难题。NBA

每个球员的价格非常贵，选择的对象有限，每个人都值得精挑细选。除了教练，NBA 还有专门的球探飞到各个赛场考察选手，分析数据统计，即使如此，选择也经常出错。

木心说过，天才是被另外一个天才发现的。这种说法很有道理。一位对人性有洞察力的老板说得也挺好：招聘者必须是一个高手，如果让武大郎去招聘，招回来的人通常比他更矮。即便不是出于自我保护的狭隘心理，愚蠢的人通常也没有鉴别聪明人的能力。

但另一方面，聪明人也未必一定能鉴别聪明人，专业人士看专业人士也会走眼。乔丹是 NBA 有史以来最成功的球员，但他挑选的几个潜力股，最后都被证明不怎么样。

企业选择管理者的制度并未从其他组织的选择方式中汲取营养，在企业中，领导等于挣钱更多。企业实行管理者的年功序列递进制度有合理性、有好处，但坏处也不少。在国家政治中，管理者并不是挣钱最多的人，并且管理者间的竞争更加充分。在体育界，挣钱最多的是明星而不是教练。企业并没有从政治制度的设计中汲取必要的营养，即便对于企业最高领导的遴选也相当随意，比之行政官员的竞选、体育明星的挑选更缺乏科学的研究。

韦尔奇的这种指定继承人的做法并未得到业界公认。阿尔弗雷德·斯隆退休时，董事会选的继任者并不是斯隆中意的人，斯隆说，继承人绝对不能指定，如果那样的话，只能找一个比自己次一点的拷贝品。

工业革命几百年的时间，选择企业领导人的制度只有一次大的改变：20 世纪初，职业经理人制度代替了家族的世袭制度。这样做的好处主要集中在一点，可以在较大范围内选择企业的领导者，这比在家族小范围选择领导者的保险系数要大一些。

对于大批量的员工选择，更不可能有一种精挑细选的方式，那样成本太高，因而必须要用一种粗线条的筛子筛选大量的员工。学历和简历是选择员工的两个最重要指标，对于批量选择而言，学历是一个不错的方法，就像高考一样，虽然有很多弊端，但仍然不是最坏的方式。

学历有两个作用。第一，它是智商的标签，记忆力、数理逻辑等大多数工作都用得着的智力成分，这是真刀真枪考出来的。第二，它包含了所学的知识，高等教育是公司的预科班。

学历选择的缺点在于：相对学校学习所需的能力而言，工作所需是一个多参数的坐标系。学习好需要的可能是数理化的能力加上记忆力，工作需要的很可能是一种古怪的创新力；学习需要的可能是分解问题的能力，工作需要的可能是综合问题的能力。

履历筛选法更不靠谱，履历代表的往往并非真实的水平和能力，所有组织晋升都遵从一种粗鲁的马太效应，一旦获得有利的初始地位，经常会步步高升。与学历所包含的信息相比，履历的水分要大得多。所以，花大价钱挖高手经常上当。

淘汰制是一种残酷的制度，它的方法是在公司内部通过实践进行二次筛选。这也是一种有效的制度。这是一种兼有挑选与激励的制度。1998 年，亚洲金融危机之后，三星借此机会废除了从日本学的年功序列制和终生雇佣制，一次性裁员 30%，然后引入了疯狂的竞争淘汰制度，员工平均工龄只有 6.8 年。通过这次转变，三星塑造了强大的竞争力。

苹果一款手机定天下，改变了公司的一些习惯性的观念。其中，“顶尖人才说”是一个重要的理念，于是很多公司不管是真是假，都在寻找顶尖人才。但像历史上其他管理理念一样，大多数公司只是走个形式，骗一下老板，成功了就说还是顶尖人才好使，失败则说，顶尖人才我也找了，人算不如天算。

不过也有公司是想真刀真枪地干，三星就是这样的公司。要想生产出好的产品，就必须重视人才。“如果人事制度停留在论资排辈的旧框架上，整个经营体系就会缺乏活力。即使招进的是一流的人才，也会变为二流，最终沦落为三流。如果想赶超一流企业，就必须善用5%的A级人才，而论资排辈只会使他们丧失工作的积极性。”三星中国区前社长朴根熙说。

朴根熙进一步解释说，在三星，人事部门要做的，是通过合理的激励提升员工的工作热情，增强组织的凝聚力。这并不是说要故意疏远其他95%的员工，最重要的是要让员工们看到：只要努力，任何人都可能成为金字塔尖的5%。

然而，不管是什么制度，没有一种方式可以找到“最大的麦穗”，也基本上找不到“以一当百”的员工，最多只能找到较好的员工。即使真有这样的员工，也往往会淹没在浩繁的制度规程之中，为了秩序和自私的需要，从来都不会有人举贤任能。

智能研究

人类在智力研究方面现在仍然处于初级阶段，将人按智力分成三六九等既有技术上的障碍，也有伦理上的纠结。

1905年法国教育部为了设计一种鉴别儿童学习能力的工具，聘请了心理学家比奈和西蒙进行研究。他们编制了一套测试儿童智力的题目，共30道。儿童的认知能力和年龄关系很大，就像身高和年龄的相关性很大一样，如果3岁的孩子有与4岁孩子同样的认知能力，就会被认为是高智力，反之则是低智力。比奈和西蒙编制的智力表中的数值和年龄的比值就是智商值。

后来经过不断的完善，这种智商测验包括11个项目，对常识、理解、算术、类同、记忆、字词、图像、积木、排列、拼图、符号分别测验。

智商测验是目前衡量智力能力最为人熟知、最通用的方法。用智商衡量智力水平，在科技高度发达的现代社会已经流行了一个世纪，它肯定能够部分反应实际的智力情况。另一方面，智商测验也存在明显的不足，其被诟病的主要方面在于，智商只能反映人的部分智能，并且也不够准确。所以，比奈和西蒙之后的许多心理学家重新研究了这个课题。就像很多尚未完全确定的学科一样，关于智力研究的著述甚丰，笔者现择其最流行的简述如下。

多元智能论。1983 年，哈佛大学发展心理学教授霍华德·加德纳提出了多元智能理论，引起全球教育界及心理学界的热烈回响，此理论之教育理念旋即于美国及欧洲的许多学校中实施。该理论认为，人的智能大体上可以分为 8 种，分别是：语言、音乐、逻辑—数理、空间、运动、人际交往、自然观察、内省等。

情商论。1990 年，美国新罕布什尔大学心理学家约翰·梅耶和彼得·萨洛维提出了情绪智商的概念。这一理论认为，智商测验漏掉了人最重要的两项能力，一个是认识和控制自我的能力，另外一个是与他人交往的能力。像很多学院派的学说一样，经过不断修正，情商现在也成为一个条目繁多的巨型理论。据说，情商与个人成就之间的关联性更高，但它不像智商一样有一个确切的测试方案，而是一个比较模糊的概念。情商的测试可以由被测试者主观控制结果，不像智商很难通过意志控制来得到更高的分数。所以，情商只适合自我测试，不适合考核。

关于人类智能的研究者也承认，所有这些理论目的只是尽量客观的反映、衡量人的智力或者智能，没有一种理论可以像物理、数学一样准确，或者像测量身高一样可信。

从本书要叙述的主题角度看——如何找到适合创造财富的聪明人，首先要看智力大体上可以分解成的几个要素。

记忆力。它同时包括了记住知识的能力和已经记住的知识。因为这两者都是智力工作者必备的。通常认为记住的东西足够多是有利于智力工作的，记忆力强和记住的东西多之间又有很多的相关性。

数理能力。这是一种与IT工程师相关性很大的智力，数理能力强的人通常都可以成为编程高手。数理逻辑是现代教育的重点，古代教育主要在语言、文字和表达方面，工业革命之后的教育转而以数理逻辑为重点，它被当成一切理工科的基础教育内容。数学既是科研通常会用到的工具，数学能力也总能显示出和很多研究需要的能力较强的相关性。数理逻辑能力在智商测试中占有很大的比重。

提出问题的能力。能够提出好的问题相当于已经解决了问题的一大半。这种能力同时还包括观察力，从实际工作中观察出来的问题更具有实在的意义。这是一种在给定环境下很难测试的能力，让被测试者提出问题将变得漫无边际，无法评价。但是，谁也不能否认，能够提出好问题距离解决问题相当近。企业中的问题并不是证明哥德巴赫猜想或者量子理论那么尖端，只要能及时、准确地发现和判断关键问题，通常都可以找到解决方案。所以提出问题的能力对于现实场景而言是尤为重要的。

分解综合能力。现代科学的一个方法就是分解，为了应付越来越复杂、越来越深入的知识，从学科分类，到再继续分类。有一句话是这样说的：本科生学的是一部机器，硕士学的是机器中的一个部件，博士研究的则是部件中的一个零件。分解是现代人解决问题的主要方法，充斥于学习、工作方方面面，如工业的劳动分工、工种分工等。分解是不容否认的有效方法，将任务、问题、工作、部门更好地分解，对提高效率是非常重要的。综合则是一种与分解相反相成的能力。这种能力与决策关系极大，决策者通常要在斑斑点点的信息中抓住关键，在茫茫的黑暗中仍能拥有发出内在微光以照亮真理的智力。

这4种能力是一个经济组织中天才所需要具备的核心能力，其他天分，比如音乐才能、体育才能、语言才能、人际才能等对于一个工程师而言并不重要。

当然，读者可能有一些异议，比如，是不是应该加上创新能力？创新这样的能力非常重要，但却无法描述、无从把握。它可能是上述几种智能的综合，创新并不难，难的是能命中需求的创新，从服装设计到消费电子都可以花样频出。式样对销售影响极大，设计式样并不难，难的是设计顾客接受的式样。

这 4 种能力对于大多数智力工种是非常关键的。有的工种可能更依赖其中的一两种，比如程序员最需要的能力可能就是数理逻辑智能，记者、编辑、文字工作者需要的可能是数理逻辑之外的三种智能，领导和管理者更需要能正确提出问题、发现问题、分解任务和综合决策的能力。

这 4 种能力的前两种基本上可以通过智商测量进行评测，但据我所知，后两种能力目前尚无系统理论研究和测量。这两种重要的能力通常在实际的工作中被漫无目标地检验，由于没有人综合、总结这种能力，所以这种能力没有得到应有的重视和开发。

由于搜索引擎的发明和广泛运用，此 4 种智能的基础——记忆力（这是媒介稀缺时代最重要的智能），已经变得不那么重要。信息工具提供了人们随时搜索各种材料的方便性，很大程度上提高了智力工作在某些领域的劳动生产力。以笔者写作本书为例，在没有搜索引擎的情况下，若想从浩如烟海的纸质资料中搜到想确认的问题和人们的研究成果，最少也要一年以上；有了网络，只需要一个月就能比纸媒检索得还要全面。

借助网络搜索提高的记忆力不仅使写作这种行当受益。在实际智力工作中，方方面面的问题都可以通过搜索引擎得到接近的答案或者线索。比如，可以及时了解产业的动态、最新产品的信息以及市场的反应，可以瞬间搜索到有关家庭装修的一些注意事项，现在人们看病之后往往要到网络上搜索一些有关这种疾病的信息……网络成了万能书架和记忆助手。网络上的内容可以快速阅读，取其精华，因为不需要记忆，人们只需形成一个基本的印象和索引，用的时候再到网络上取出来。

搜索引擎让记忆力的重要性打了一些折扣，从社会的角度说，多了一种工具是大好事，对个人而言，则改变了人才的选拔标准。古时科考对记忆力要求很高，工业革命之后，多学科开始要求多种能力，降低了对记忆力的筛选。搜索引擎之后，相应的体制改变尚不明显，人们意识到一种工具、一种制度、一项关键创新的实质性影响往往延后很多年。但我们也看到，现在的开卷考试越来越多，人们阅读资料时越来越粗枝大叶，阅读量也越来越大，这其实就是一种无意识的适应性改变——书橱型智力越来越不重要。

网络上取之不穷、用之不尽的资料、代码，让资料编写和编程序变得更容易，但这离把网络上散乱的知识加工成所需要的还差十万八千里。网络上各种资料鱼龙混杂，需要加工者有去伪存真的辨别能力，而辨别本身就需要天赋。有能力识别好文章、坏文章是写好文章的前提；能识别好代码、垃圾代码的人才有可能编出一手好程序；同样，能辨别战略优劣的人才有希望制定出好战略……而这些，即便网络上资料不计其数也是不能解决的。所以，创造性智力将越来越值钱。德鲁克敏锐地发现了这一点，他认为，21 世纪，知识加工行业将是一个很重要的行业。

数理逻辑是一种比较容易当面考察和检验的能力，谁的数学相关学科成绩更好有明确记录。很多 IT 公司在招聘程序员时要求当场写一段程序，高下立定。在日常工作中，这种能力也比较容易确认，确认谁干活快、谁干活好并不难。难的是改变观念，绝大多数公司都出于思维惯性，希望泯灭个体之间的差异，利用人海战术做到最保险。所以，工程师、设计师中的优秀者也不能脱颖而出。久而久之，就形成“学而优则仕”的文化特征，管理者就像缺乏制衡机制的独裁者，总是制定偏向于管理者本身的游戏规则，谁爬的位置高，谁收益就大。世界上到处都是这种追求平庸的公司。

最后，提出问题、分解综合能力是最难于考察的。这些能力在实际工作中往往和管理、决策等交织在一起，而管理和决策是管理阶层的专属工作，跃上管理岗位跟人际关系能力（这里并非贬义词，是多元智能论中的一种能力，或曰情商）又是强相关的。所以，我们不难理解智力密集型公司到处都是愚蠢管理者的原因，他们只因擅长人际关系就攀升到他们不具备天赋的管理位置。

好的领导需要三种能力，只有把人际能力和提出问题、分解综合能力集于一身，才是一个好的管理者，而能当上领导只需要一种能力。于是，出现好的管理者成为一个或然事件。可想而知，在这样一个圈套之中，找到横刀立马的大将、找到“以一当百”的天才员工是多么困难！乔布斯可能不是一个人际关系高手，但他具备的天才领导力特别适合坐在最高位置上对产品和战略做出决策。然而，乔布斯只是一个极为特殊的个案，通常情况下，他这种人会被压制在基层，无所作为。

在农业社会，社会分工是相当单调的，向上攀爬几乎只有考公务员一条路，而考公务员也只考作文，有数学潜质、音乐潜质的人，天才的工程师、发明家统统都要“骈死于槽枥之间”。

即便是现代社会职业多样化、对人才需求多元化，却仍未发挥出每个人真实的潜质，对智能的开发利用远未达到充分利用的程度。惠普公司曾经的CEO（1992—1999）路·普莱特（Lewis Platt）在任期间，惠普销售增长了3倍，盈利增长了5倍，他卸任后说：“如果当初的惠普能够掌握和现在一样多的知识，我们的盈利会是现在的3倍。”

工业社会之后，大学教育通过分科的方法让人掌握不同学科的知识，为将来社会分工做好准备。公司招聘和岗位安排也是按照所学专业进行分割，这种方法简单明了地解决了社会分工的大问题，比如大学学建筑的学生，到房地产设计公司就可以画图纸、设计建筑物；机械专业的学生则具备了从事机械设计、生产的基本技能；新闻专业毕业生通常能够胜任报社的记者工作等。

但是，这种社会通用的方法，无法实现追求卓越、“以一当百”的目标。普通的建筑师只能设计普通的建筑，天才建筑师才能设计伟大的建筑。没有天才的员工很难做出明星产品，只有超越竞争对手才能取得丰硕战果。普通的将军也可以指挥一场战争，但其只能凭借概率因素决定胜负，要找到把韩信遴选出来的方法，才能取得伟大的胜利。

遴选天才

为什么一方面要尽量将工作变得规范化和平庸化，使普通人也能胜任，另一方面又要遴选天才？第一步是生存的需要，第二步是卓越的需要。如果公司始终用二三流的人才，或者不能充分发挥一流人才的潜力，是不可能做出一流的明星产品，成为“以一当百”的公司的。

天才

克劳塞维茨说，在任何一项专门活动中，要想达到相当高的造诣，就需要在智力和感情方面有特殊的禀赋。如果这些禀赋很高，并且能通过非凡的成就表现出来，那么就称为天才。

1955年初秋，在北大中文系迎接新生入学的大会上，系主任杨晦作讲话：“进我们中文系的，将来不要指望当作家。中文系不培养作家，而是培养适于文职工作的人才。”

“中文系不培养作家”成了一句传颂多年的名言，因为杨晦先生发现了一个不合常理和人们预期的事实。能否成为作家，更靠天赋，而不是在中文系的学习。中文系只能教授行文写字的基本规律和技巧，而作家的灵魂——创作以及对文字独特的感觉是学不到的。

人们都有关于判断天才的基本标准，他们会说谁是天才，这个“天”字说明天才是天生的。绝大部分事情要做到顶尖水平，光勤奋还不够，还需要天才。但是什么是天才？连较为模糊的定义也没有。天才并不等同于智商高，智商和数理逻辑关系较为紧密，文学天才和音乐天才并不一定要智商高。我见过农村土生土长的艺术家，这些人几乎从未经过正式培训，但画画、剪纸、绣花样样都很得法，假如他们有适当的机会，很可能成为这个领域的天才。

天才是天生的才能，是不可能学到的东西。这些才能与生俱来，只要经过启发就会有优于常人许多的表现。这些人是具有超越已有知识的潜力，是最有希望成为创造性人才的人。一句话，超越平凡，就需要天才。

为了适应工业社会的需要，高校细分专业，开设了很多学科。通常我们会认为，学了历史当然懂历史知识，学了机械应该懂机械原理、会画图，学了计算机应该会编程序，学了财务应该能做会计，以此类推。

但是我们几乎从来没有想过，一些专业是完全“没用”的，学和不学都差不多，要取得这些技能，就需要“天才”。文学、MBA（工商管理硕士）、战略、教育学等就属于“天才”的范畴。

尽管如此，无所不包的现代教育还是将各种可能需要的技能纳入了教育范畴。但教育在扩张市场范围的同时，却无法提供合格的产品。

公司需要超越平庸的职位比比皆是。在企业中，有关领导力、战略决策、创新甚至竞争分析等都需要具备特别天赋的员工。普通员工只能做出普通分析、报表和幻灯片，唯有天才的员工才能有超越常规的见解，而超出常规这部分才可能是竞争优势，才是利润。让普通员工去做需要天才的工作，自然只能产生边际利润为零的产值，这就是大部分公司都半死不活，有巨大的销售额，却在盈亏附近震荡的主要原因。

关于公司需要什么样人才的问题，传统管理理论著述颇多。经理角色学派的代表人物明茨伯格重点研究了经理应该干什么，他将经理所担任的角色分为互相联系、不可分割的三类10种，即：人际关系方面，有挂名首脑、领导者、联络者3种；信息方面，有信息收受者、传播者、发言人3种；决策方面，有企业家、故障排除者、资源分配者、谈判者4种。

剑桥产业培训研究部前主任贝尔宾博士和他的同事们经过多年在澳大利亚和英国的研究与实践，提出了著名的贝尔宾团队角色理论，即一支结构合理的团队应该由8种人组成。

- 实干家 CW（Company Worker）
- 协调员 CO（Coordinator）
- 推进者 SH（Shaper）
- 智多星 PL（Planter）
- 外交家 RI（Resource Investigator）
- 监督员 ME（Monitor Evaluator）
- 凝聚者 TW（Team Worker）
- 完美主义者 FI（Finisher）①

像所有学院派的研究成果一样，贝尔宾起初会有一个相对粗糙的设想或者模

①后修订成9种，包括执行者 IMP（Implementer）、协调者 CO（Coordinator）、鞭策者 SH（Shaper）、智多星 PL（Planter）、外交家 RI（Resource Investigator）、审议员 ME（Monitor Evaluator）、凝聚者 TW（Team Worker）、完成者 CF（Completer Fisher）、专业师 SP（Specialist）。——编者注

型，然后，用规范和细化的方式去描述，最后形成一个体系。

这只是作为研究者的一种“范式”，也就是这些研究很大的一部分是为了满足学术要求的规范、格式和繁文缛节。而对于实际操作者来说，最初的那个最糙的模型才是最有用的部分，后面添加的那些细节和水分只是学术包装。

公司中每个角色应该干什么，与一个人有什么样的天赋，是一个问题的两个方面，就像你缺一个服装设计师，就想找一位在设计方面有天赋的人一样。管理学说重点强调前者，忽略后者，管理试图将每个职务打造成互换性很强的标准职能。

笔者并不认同这二位大师关于企业管理者和员工的模型，之所以列在这里，是希望感兴趣的读者可以进一步去了解，毕竟，他们是这方面的代表人物。

智力工作的工种划分

笔者的划分方式是，智力工作只有三种角色。

需要知识的工种。即掌握的知识可以应对实际工作需要的工种都属于知识型工种，也是大学毕业生上手不久就可以干好的工种。大多数的程序员和普通制图员就是这样的工种。学校通常教授一个粗线条的科目，实际应用则是一个细分的、深化的应用，二者的区别主要是普遍性与特定场合的应用，如学校中学的是机械工程，实际上绘制和设计的是一个挖土机上的零件。所谓知识并不是限于所学专业，很多程序员都是非计算机专业出身，他们通过自学的方式掌握知识。

需要知识的工种通常都招收应届毕业生，利用他们在学校所学再稍加培训就可以上手干活。

需要经验的工种。因为企业分科要比学校的学科细，很多具体的知识要在实际工作中学习和积累，这样的工种就是需要经验的工种。例如学校可能没有手机专业，但是手机和计算机有太多共同点，计算机专业的学生在手机行业干几年就可以获得这个行业的具体经验和窍门。

在很多情况下，经验有立竿见影的功效，通过挖对手的员工一下子掌握某些技术和商业秘密的案例比比皆是。但是，大多数工种对工作经验的需要普遍有夸大的倾向，我们能够看见挖墙脚成功的案例，却忽视了大量没有价值的挖角。

工业、科技进步的一个副产品就是不断降低对劳动者的要求，不断削弱经验的价值。普通作坊实行单件生产，老师傅、老钳工、高级车工可以制造精度更高的产品，但是流水线和自动化就不存在这个问题。小公司的销售员往往需要更多的个人技巧、能力和悟性，大公司靠品牌、作战部队、体系销售，客观上削弱了对销售员个人能力的依赖。

即便是一些没有规模的、个体的手工劳动也向消灭经验的方向发展。30年前，电工、木匠还是一种不错的手艺，木匠和铁匠的技艺和他所生产的产品之间有很大的关系，但由于工艺和工具的改进，木匠这门手艺所需要的技巧和经验大大减少，铁匠这一工种则基本消失了。旧时学木匠要几年的时间，这里面当然有师傅剥削徒弟所浪费的时间，但即便是除掉这个时间，学会木匠手艺也不是一件容易的事。现在对于心灵手巧的人而言，只要观摩一下，拿起工具就可以干木工活，用不了多久，就能成为不错的木匠了。

经验越来越不像人们想象的那么有用，年轻人越来越值钱，就像史玉柱在微博上说的："长江后浪推前浪，这世界属年轻人的，不退休就被拍昏在沙滩上。"结果，他提拔了一个27岁的年轻人做副总，主管巨人公司最重要的游戏业务。周鸿祎在微博上说："一个互联网公司，应该有'80后'的高管，'85后'的中层，'90后'的产品负责人，才能保持活力与创新，这是我现在开始追求的目标。中国互联网行业，如果不能像美国一样每5年、每10年涌现一大批新锐，永远是同一帮行业大佬，那不可能有真正的创新与发展，无非就是牺牲整个行业造就几家赚钱公司而已。"他们都洞察到了企业运行的真实情况，而是不是随意地继承传统的做法。

所以，要花钱挖有经验的员工，必须目的明确，仅有几年行业工作经验的员工不值得大费周章。公司都说招聘对手的员工，不涉及对方的商业机密，但如果真的不是为了获得对方的商业机密，就不要花大价钱得到对方的员工。对外宣传可以虚假，对自己可要实实在在。

需要天才的工种。产品创新、公司战略、趋势研究、对手分析、高质量宣传、高质量营销策划等工种几乎无规律可循，无书可读，这些基本上都是需要天才的工种。

管理理论和管理文章对此少有提及，天才问题是一个逻辑悖论，一旦能系统分析、研究和规范了，就成了普通人才也可以干好的工作，于是它就变成了一个和天才无关的工种。天才只能进行挖掘，不可塑造，这就犹如对《红楼梦》的研究，不管你研究得多么深入仔细，都不可能写出接近《红楼梦》的小说。

百年过去了，人们对这些需要天才的领域的研究也取得了一些进展，只是还没有实质性的进展，距离把蠢人变成天才的目标差得还太遥远。在战略领域，管理学家发明了一堆工具和模型，平庸之辈也可以用迈克尔·波特的五力模型做出几张幻灯片，或者用波士顿矩阵分析一下公司产品在生命周期图上的分布，用雷达图表示公司产品和竞争对手产品的强弱关系。在趋势研究领域，既有大而化之的宏大社会趋势书籍，也有各种专业咨询机构提供的行业发展研究报告。在营销领域和传播领域，充斥着无穷无尽的理论。平庸的员工套用这些理论也可以给领导做出一些文档和建议。咨询公司的大学毕业生把这些东西包装一下，在幻灯片上写上客户的名字和公司标识就可以到处骗钱。

利用这些工具，普通人虽然也可以生产出“产品”，但真正有用的产品则需要天才的发现，只有抓住问题的本质才有可能制定针对性很强的策略。选择就那么几项，诺基亚选择成本领先，成为一个时期的王者；苹果选择卓越产品模式，又取代了诺基亚。

原则上说，所有的智力劳动对智商都有要求，适合的比不适合的干得好，聪明的比不聪明的通常更容易取得不错的绩效，但这仍不能否认不同工种对天分要求的差异，在那些研究确定性问题的岗位上，100个平凡的员工也无法和一个天才相比。

正是因为众人技能的普遍提高，研制、生产各种产品都变得更简单、更容易。各行各业，供应越来越多，竞争越来越激烈，大家采用类似的图表和策略，在一个差不多的水平上厮杀，无差别的产品被迫以接近边际成本的价格出售，谁也别想获取利润。消费者却因此得到了实惠，任何一种品质尚可的日用品都可以以较低的价格购买。

从企业私利的角度看，唯有比竞争对手高明才能赚到钱。现在很多手机厂商出品的手机比苹果三年前制造的手机好很多，从消费者的角度看，花费较少的钱就可以得到一只比三年前很贵的手机还好的手机。但从企业的角度看，这是没用的，因为你必须和当下的苹果竞争，而不是与三年前的苹果竞争。领先是困难的，但得到的回报也是巨大的。一个产品、一项创意被天才发明之后，资质平凡的人也可以仿效，但是，只有领先者才会得到超常的回报。

就像笔者在《赔赚》这本书中所说，一旦某个环节被科学化了，参与者很容易采用同样的方式投入战斗。历史上任何一个利润显著的公司，都是找到了提高某个环节效率的方式，从而在竞争中胜出。利润总是在相对低效的环节产生，总是在进化中产生。

教科书上讲述的方法只能创造产品和产值，要想获取超额利润的方法就是要找到天才，在各个环节要做到超越众人，就要找天才做带头大哥。

天才的开发

获取天才的方法本质上是“找”，但也不排除“培养”。一些对天才定义较为清楚的行当早就有了很多实践。

看《三国演义》、《大隋唐》，你会觉得中国古代的战争是将领之间的厮杀，军队不过是“拉拉队”。虽然这不是真实的战争场景，但我们可以想见，卓越体能在古代的肉搏战中是非常关键的要素。

古希腊斯巴达人视战争为生活的一部分，所以，他们特别注重体能，从婴儿的选拔到残酷的军事训练都是为了练就过人的体质，以便在肉搏战中杀死敌人。温泉关的八百勇士（后来被夸张成三百勇士）能够三天三夜阻击薛西斯的大军当然要借助于特殊的地形，也和斯巴达人过人的意志密不可分，但是，若没有超人的体能，他们是不能取得近似于神一样的战绩的。

竞技体育就是一个将发掘天才和培养天才结合得很好的领域。由于人类进化上的原因，体育才能必须在年幼时期开发才可能成就卓著。就像足球名宿克鲁伊夫所说，足球是一项需要从少年培养的运动项目，一个人成年之后再学建筑，也可能成为著名的建筑师，但足球不行。12 岁之前，如果不着重开发，一个人的足球天赋就再也开发不出来了。

笔者认为，克鲁伊夫完全是对的，他的想法很可能来自于他对生活敏锐的观察和实践。笔者则从理论上认识到这个问题的逻辑，像语言和动作类是人类远古就需要的技能，这些技能必须在少儿离开母亲之前学会，所以自然选择会保留早年学会这些技能的天性。由此推论，语言和体育动作类，要尽量早学才好。而文明之后出现的技能，也就是人类这种动物需要的特有技能，在成年之后学习与幼儿期学习的效果是同样的，甚至更好。笔者的另外一本书《人性与个性的逻辑——原欲、基因和驯化》中，对此有详细的解释。

言归正传，经济竞争就像竞技体育一样，适当地锻炼好身体不是目的，只有赢得竞争才是王道。要想赢得竞争，就要找到天才，然后赋予其很高的使命和追求，不断提高竞技标准，这样才能发挥其最大的效力。不管是乒乓球、游泳还是篮球、举重，这些运动项目的教练都有一套发现好苗子的标准。但企业却缺乏这样的标准，一方面，大部分企业都没有追求卓越的梦想，况且不是所有的行当都需要天才，也就是说并不像竞技体育一样天才是唯一取胜之道。另一方面，企业相对于教育，过分细分就没有人进行系统的研究，于是每个企业都用自己的土办法打现代化的战争。

在家族企业中，企业一定要传承给有血缘关系的下一代，即便不是很适合领导企业的也会被培养成继承人。在变化很少的行当中，企业通常是可以培养出较为合格的领导人的。企业家通常让接班人在多个岗位、多个职位上历练，以掌握公司主要环节真实运营需要的技能。实践通常比教育更能培养实用的人才。

但如果不是先天的继承者，遴选范围就非常宽广。一旦选定了某人作为某个领域的带头人，家族企业的培养方法或者自我培养也具有明显成效。

然而，所有企业都会遇到一个问题：随着个体的衰老和过时，整支球队的战斗力日渐磨损，企业该如何完成新陈代谢。

保持新陈代谢

史玉柱说："互联网不能让我们这种老年人在这里演出，而是应该让给年轻人。"

马云也说："我比马化腾、李彦宏这些年轻人大几岁，男人大一岁就是一岁，千万不要跟年轻人比远见，不要跟年轻人比创新。"

大多数人会觉得马云、史玉柱的说法只是一种说辞而已。2013年，史玉柱51岁，马云49岁，人们认为这是一个人的最佳年龄，是经验、智力、体力结合起来的最佳年龄，但是，他们却在这个年龄把CEO的职位拱手让出。

年龄是一个关键问题。美国的一家网站统计了诺贝尔奖获得者以及重大发明创造和年龄的关系曲线。这个曲线显示，取得最大成就的年龄近年来虽有所推迟，但是高峰也在40岁附近，到了50岁——传统意义上的最佳年龄，其创造力已经大大衰减。

爱因斯坦说过："一个人30岁还不能对科学有重大贡献，那么他就永远不可能有重大贡献。"巧合的是，爱因斯坦这句话也适用于他自己。他一生中最重要的成就分别是在26岁和36岁取得的，在其后的40年，他在物理学领域没有取得任何突出的成就。

爱因斯坦并不是个案，20世纪最重要的科学进展——量子物理学，几乎都是年轻人创立的。爱因斯坦1905年提出光量子假说的时候，26岁；玻尔1913年提出他的原子结构模型时，28岁；德布罗意1923年提出相波理论时，31岁。而1925年，当量子力学在24岁的海森堡手里得到突破的时候，后来在历史上闪闪发光的那些主要人物也几乎都和海森堡一样年轻：泡利25岁，狄拉克23岁，乌仑贝克25岁，古德施密特23岁，约尔当23岁。和他们比起来，36岁的薛定谔和43岁的波恩简直算是高龄科学家。

巅峰对决的关键要素是年龄

电视纪录片《汽车百年》显示，当今世界汽车以及周边行业的执牛耳者仍然大体上与过去一个世纪相同。卡尔·本茨发明了汽车，创办了奔驰汽车公司；福特的流水线生产方式引领了体力劳动的伟大变革；通用汽车的事业部制等都是影响深远的创造……这些公司仍然是今天汽车行业最重要的公司。汽车轮胎行业也仍被百年前创立的固特异、米其林等公司把持。

反观IT相关行业，尽管整个行业历史也只有半个多世纪，但是，IT行业的城头却经常变幻大王旗。即便是这个行业历史悠久的IBM、惠普等在最近若干年也从未抓住一个技术潮流。IT行业似乎有了这样的规律——每个技术潮流都必须由车库中起家的新公司创造，而不是集人力、物力、市场势力资源于一身的IT大公司。

到底是什么原因导致不同类型公司的兴衰？

汽车行业需要巨大的投资和复杂的生产，小型公司自然无法染指。IT相关行业则是一个纯粹的智力密集型行业，以创新能力为企业核心竞争力，即便需要制造有型物品，绝大部分产品生产也都比较简单，普遍采用外包方式完成，不需要日积月累的经验支撑。

机器代替重体力劳动之后，首先攀上历史舞台主角的是经验，老车工、老钳工、老木匠、老的机械工程师更值钱，因为在自动化程度不高的情况下，对工人手艺的要求就比较高，如果创新压力不大，日积月累的经验就显得非常重要。

随着时代和行业的变迁，经验从主角变成了配角。制造领域自动化程度的提高降低对工匠经验的需求。发展迅速的信息技术行业不断地推陈出新，较大的革命性变化不断出现，过去成功的经验往往成为失败的原因。这时，对创造力的需求增加了。

那么，决定公司创新能力的关键要素是什么？答案是年龄。

在竞技体育领域，专业人士熟知每个年龄段的竞技能力。在竞技体育行业，30岁以上的运动员夺冠就变得非常困难。如果不从事竞技体育，不进行巅峰对决，30岁根本感觉不到体能的衰退。同样，如果不从事高强度的脑力劳动，也不容易感觉到智力随着年龄的衰减规律。围棋、象棋等智力竞技运动，年龄大的同样也很难取得优异成绩。

高创新度要求的行业好比是棋牌类竞技项目，只有处于智力顶峰年龄的人才能获得较高的胜率。年轻的比尔·盖茨夺取了 IBM 一大块市场，年轻的 Google 很快将中年的比尔·盖茨拉下马，更年轻的扎克伯格则开创了一片新的市场。

企业行为似乎不像竞技运动，总处在高强度的对抗之中。同时，也不是单枪匹马的活动，而是一项综合了多种资源的团队活动。把企业成败说成是简单的智力竞技好像不合理，但是，我们知道“家有千口、主事一人”，对于一个创新型的企业而言，领导者本身就是企业，他们的活动其实就是一场时间较长的竞技运动。就好像研究量子力学等顶尖学科一样，企业创新就是一项高强度、长时间的智力竞技运动，只有最顶尖的巅峰智力方可成为执牛耳者。

从运营竞争层面来讲，在一个靠智力而不是靠经验的行业中，显然年轻人的贡献更大。从统计规律上看，一个人的实际贡献可能是一个抛物线，30 岁左右达到顶峰，此后开始衰减。而员工成本则是一条不断上升的曲线，全球的公司普遍采用的是类似于年功序列制的回报机制，年龄越大、工龄越长，拿的越多。年轻人是公司的人力资源，年长者则成为人力成本。

公司在迅速成长期时，每年都会补充大量的年轻人，员工平均年龄小的金字塔结构，贡献大、收入低的年轻人是塔座。当公司进入成熟期，市场接近饱和时，公司便无法保持始终扩张的结构，平均年龄开始增加，年龄结构逐渐变成了一个纺锤形，创造力开始下降，成本与日俱增，最终被更具有竞争力的新型公司取代。

日本电子行业就是一个典型的例子。日本企业普遍实行的是年功序列制，这一制度的核心就是员工随着年龄的增加收入稳步攀升，而且日本人特别讲究年轻人对年长者的服从，掌权的必然都是老人。日本电子行业崛起之时，每个企业员工的年龄结构都是年轻的金字塔结构，但随着产业的饱和以及人口统计的原因，日本企业员工年龄分布逐渐变成了纺锤形，竞争力也迅速衰退。

大众对“人口红利”一词已不陌生，即经济学提出的人口结构影响国家兴衰，一个国家的劳动人口多，需要供养的幼童和老年人少，国家就会表现为上升趋势。反之，国家经济负担加重，创造减少就会衰退。这一规律已经被很多国家的实际情况所证明。

企业兴衰则是这个规律的细化。

问题出在人们完全不清楚怎样获取更具有创造力的人才，不成熟的心理学没有提供这方面的资料，工作履历、学历、毕业学校仍然是衡量一个人才价值的基本尺度。人们从未注意到年龄统计才是最重要的因素。就像凯恩斯在其成名作《合约的经济后果》中所说：“历史上的重大事件常常是由像人口增长或者其他根本性经济因素的长期变动所引起的，但是由于这些因素的变动具有渐进性，所以容易被同时代人忽略，而被归罪于统治者的愚蠢或者无神论者的狂热。”

同时，人们在心理倾向性上又默认年长的更有价值，更有经验。很显然，在世界范围内员工的收入都是一条随着年龄上升的曲线。绝大多数公司也愿意出大价钱挖有经验的老手。

全球都在用工业革命早期的年龄价值规律评估员工，任命员工，给员工发薪水。他们认为这是理所当然的，就像苹果会落在地上一样，不需要考虑。事实上，企业竞争的基本要素已经巨变，自然选择的法则总是让更具有竞争能力的公司胜出。如果让笔者只用一个参数描述公司的竞争力，这个参数就是年轻。

成本之外还有权力代价

微软公司现在仍然是一个盈利丰厚的公司，每年有超过200亿美元的利润。它完全垄断了桌面计算的核心，它要人有人、要钱有钱而且经验丰富。从搜索到社区，从手机操作系统到游戏，它几乎参与了IT行业所有重要发展分支的竞争，基本上没有错过一个重大的机会，而结果却是一无所获。

微软完全有能力雇用一流的年轻人，到业界的各个角落挖各路成名高手，事实上他们也是这样做的。这些老公司的年轻人为什么不能像新公司的年轻人一样建立丰功伟绩呢？关键在于，老公司的年轻人掌握不了公司最核心的资源——权力，权力仍然牢牢地掌握在过去的成功者手中。

大公司其实就是一个微缩社会，公司越过了迅速膨胀期之后，就进入了平稳发展期，社会阶层也固定下来，曾经攻城拔寨的员工占据了各个级别的管理岗位。“人们的观念就是现实”，是一句具有统治地位的格言。让功勋员工掌权看来顺理成章，他们曾经证明自己是可以信赖的，他们更有经验，公司的秩序很重要，等等，这样的观念似乎不辩自明地存在于每个人头脑之中。在这样的公司，年轻人再有本事，也只能是一颗螺丝钉。

即便是管理方式很前卫的公司，各级管理者仍然是做出主要决策的那个人，权力在公司仍然呈现金字塔的结构。拿破仑说，狮子领导的绵羊军队可以打败绵羊领导的狮子军队。企业领导层的问题在于，人们没有发现显著的年龄智力退化规律，随着年龄的增加，狮子是会变成绵羊的。

在创新要求高的行业，年轻人常常打败有经验的公司。有经验的成熟公司虽然也有大量的年轻人，可是论资排辈是一个公司维持秩序的基本规则，成熟公司的年轻人全部都处于低位，干一些螺丝钉式的工作，无法担纲大任。所以，这些公司普遍缺乏创新活力不足为奇。

在NBA，老去的明星球员会让出球队的核心位置，成为替补球员，然后拿一份老将底薪。然而，却没有哪家企业能够做到这一点。如果过去的明星球员始终占据着核心位置、掌握球权，即便优秀的年轻人有上场打球的机会也拿不到球权，比赛决策权不在他手上。这样的球队怎么会不被一支年轻的球队打败？

在军队，为了保持部队的年龄配置、有序地进行新陈代谢，各个主要国家都硬性规定了各主要职别的年龄上限。虽然军队相对企业而言，比较单一，管理也较为简单，但是，随着数千年的不断进化，它的很多管理方法和理念是很先进的。

而企业只有百年历史，尽管企业数量更多，对管理多样化的探索更活跃，也更注重变化，但企业的管理观念总是跟不上现实的步伐。就像鲁迅所说："人类血战前行的历史，正如煤的形成，当时用大量的木材，结果却只是一小块。"以年龄为核心的智力规律，需要企业很大程度地改变管理方式，像军队一样规定各个级别的年龄上限，力推年轻人担纲要职……有很大风险，但若持续推行，将会有莫大收获。

金字塔结构是所有组织的基本结构，打江山、排座次、熬年头、向上爬是这种金字塔结构的基本秩序。

生物意义上的衰老是这种结构新陈代谢的基本方法，爬到重要的位置的人都已经失去了最佳创造期。在竞争激烈、效果真实、客观的竞技体育领域就必须得不断保持从少儿时期发现天才的机制，在他们在当打之年担纲重任。

卓越的公司也需要保持旺盛的新陈代谢机制，必须有全天候的天才遴选机制。在NBA，一个菜鸟进入球队，要从陪练、替补做起，不过一旦发挥确实好，很快就会被重用。在优质的互联网公司，比如Google，一个普通员工也可以启动项目，"拉帮结伙"搞一个团队干一件有创意的事情。但在传统公司，权力是唯一好用的筹码。NBA从少年训练到选秀遴选天才，每天训练、比赛发现天才。互联网公司招聘优质员工，给他们一个较为自由表演的舞台。传统公司招聘合格的员工，将他们装进流程和秩序之中熬年头。尽管尚未出现遴选天才的秘方，埋没天才的制度枷锁却很明显，每去掉一重枷锁，就有更多的天才被解放。

06

率先求变

效率的提高很大程度上依赖于压力传导，率先找到高效方式的公司总是能赚取很多超额利润，同业竞争者则受到竞争的压迫，要么在竞争中被淘汰，要么变革。变革和被变革的命运是完全不同的，各种改革都可能出错，但追求高效几乎从不出错。

通常，一个行业经常会出现一些追求效率的先锋企业，它们效率高、成本低，希望通过价格战提升市场份额，其他企业如果跟随低价，也必须提升效率，否则便会在多轮绞杀中出局。福特改变汽车业、戴尔改变电脑行业、山寨芯片挑战原有大佬时都发生了类似的事情。

企业的运营有很多环节，它们交织在一起，让管理者看不到真正的危险。强悍的销售会掩护无能的研发，中国家电企业多年前就陷入了这样一个循环：强劲的营销、高密度的广告在某些市场环境下具有奇效，但由于产品本身的品质问题，销售又在瞬间一落千丈。强势的产品也会有销售行动迟缓、效率降低的时候，高智商的个体也会组成低智商的销售团队。反应缓慢、效率低下、脱离实际等存在于所有的大公司，在大公司中，规模效应又会掩盖所有的不足。

然而，市场环境已经悄悄地发生变化，外部交易效率非常高，成本非常低，聚焦于单一环节的公司越来越多，喜欢合奏的宣王已经换成喜欢独奏的滑王，南郭先生越来越无处藏身。

现在，市场上不断出现新的、高效率的模式和公司，都用不同的方式提高效率。其中一种便是降低每个环节相互之间的依赖度，提高关键环节的效率。

在手机行业，独立的手机设计公司将设计环节的效率提升到很高的水平，大多数手机公司发现，自己研发确实不如从外面购买更上算，便采取外购加自研双轨制的方式运作。有外面的标杆作为参照物，自己研发的效率就不会过低。

1978 年 10 月，邓小平访问日本时，问日产汽车平均每人每年产多少辆。当听到人家每人每年可以生产 50 多辆汽车，是我们的几十倍时，邓小平很震惊，我们这样的效率怎么可能创造很多的国民财富？中国人均财富比只有别人的几十分之一，在这里找到了确切的实证。这个简单的数字对比，足以让邓小平意识到我们生产方式和技术过于落后，是必须要做出改变的时候了。

开启的大脑与活跃的尝试

印第安人用柳条编制柳条筐，代代相传。据考证，这种花样和编制方法已经有数百年的历史，从来都没有变化。

人类早期文明变化得相当缓慢。鉴定古玩的专家鉴别文物真伪、为文物断代，主要看工艺、花纹和造型，每个时代都有它的特点，一种风格或者工艺会传承数百年。现在，在人口不变的情况下，发达国家经济每年增长 1%犹觉太慢，而 1%的年均增长率在几千年的农业文明时期是非常高的。根据经济史学家麦迪逊的研究，从公元500 年到公元 1500 年，经济增长速度为每年 0.1%，一个世纪才增长 10%。

古人不比我们笨，印第安人也不比我们笨。区别仅仅在于人们是否经常使用他的大脑，有多少比例的人在动脑筋，动脑筋在想什么。

自从那个印第安的“爱因斯坦”发明了柳条筐之后，他的后代从来没有人想过还可以换一个编法。不是因为智力不够，纯粹就是因为没想。

在过去的农村，田间地头“日出而作、日落而息”的农民中也必然有一些人有聪明的头脑，但是他们没有见过世面，没有任何机会，也没有读过几天书，甚至根本不知道自己其实是很聪明的，一辈子就这样在田间地头过去了。面朝黄土背朝天的农民很少有人去想怎么革新农具或者改变耕种方式，每年选种子也只是将穗大粒多的作为种子，这样，农作物品种改良也相当缓慢。

现代社会飞速发展的一个重要原因是动脑筋的人数大幅度提升。各行各业都在尝试新的方式提升效率，尝试让商业加速创新，加速发展。家庭房屋装修是一个体力加手艺活，从业者并不以智力见长，观察一下这个行业，都会发现人们很喜欢动脑筋，技术、工艺传播也很快，并不像过去，数十年都用一种方式施工。如果印第安人中有很多人都有改变柳条筐式样的习惯，他们早就发明了很多款柳条筐了。进化的法则是，只要物种基数大、生育率高，即便漫无目的地尝试多了，通常也会带来适应性的进化。

非效率因素如此之多，各种玩法的人如此之众，较高效率的生物一定会战胜较低效率的生物，将无效率的公司、模式、坏分子淘汰出局。

从进化的角度说，由于参与者众多，进化压力陡增，如果出现了几个新的变异品种，就有可能带来突破。多年前，家用菜刀都是铁匠打造的，张铁匠比王铁匠手艺好，生产效率更高，这没有什么关系，大家都有饭吃。直到有一天，工厂机械化生产菜刀，菜刀生产效率因此大幅提高。定制菜刀从市场消失，铁匠这门手艺走向了末路。现在，至少有三种突变型的竞争出现，几年后，竞争就会选举出新的胜利者，再一次提高整体效率。

越界竞争

动脑筋的人多了，行业变动就会加速。当一个行业表现出显著的效率优势，很快就会波及原本不相干的行业。

传统的互联网公司专做服务，软件公司只卖产品。就像微软和 Google，原来是井水不犯河水，竞争之说纯属渲染，现在则进入了真刀真枪的搏杀阶段。2007 年 Google 推出的手机操作系统已经统治了手机行业，微软则被逐出了市场——这本来应该是微软的领地，1996 年，微软就发布了第一个移动设备的操作系统，而这个时候，Google 公司还没有创立。Google 前几年发布的浏览器 Chrome，市场占有率也超过了微软的 IE，被微软牢固统治的 PC 系统也受到了动摇。

如第一章所说，两个公司最大的区别是，Google 采用的是一种极高效的模式，Google 可以维持免费状态，甚至也能盈利，而免费本身对 Google 的效率又是一个持久的进化压力。这种模式不允许成千上万人去打阵地战，而必须有优质、高效的研发队伍。

奇虎 360 起初是一家很小的互联网公司，依靠风险投资的资金艰苦生存，它推出一款名叫 360 安全卫士的软件，声称永久免费。当时，网络安全市场已经磨合了多年，形成了稳定的商业模式。对于这个新进入者，传统安全厂商一方面感到压力，另一方面也表示了不屑，“360 根本不懂安全市场，我们不带他玩”。结果没用多久，360 占领了市场，并且创造了远超卖安全软件的价值。现在网络安全成了互联网服务公司的一种业务，而不再属于软件销售行业。

最近，互联网公司开始尝试进入硬件设备市场，小米公司已经是一个大角色。2013 年，互联网公司开始大举进攻传统金融行业。收费和免费的竞争，互联网公司和电信运营商的竞争，电信运营商和传统信息金融服务机构的竞争，设备公司和服务公司的竞争等，都大面积展开，越界已成为新的信仰和趋势。几年后，我们会发现这种跨界竞争对行业的显著影响。

互联网具有无所不在、信息量巨大、各种人都很容易得到和生产自己需要的信息等基本特征，它正全面入侵面向个人提供产品和服务的行业，这些行业涉及交易、内容生产、信息交互等。更直接的模式，生产者和消费更加合适的匹配，更低廉的交易成本，甚至在一些行业比如教育和法律等提供更高质量的服务成为互联网入侵的主要利器。

互联网可以省去店面租金，商家和消费者之间有更多的沟通渠道，从而保证信息透明、评价及时，互联网的内容制作更快捷、多样化，信息传播能支持多得多的个性化选择，而这些优势的共同点就是互联网比之传统行业的做法有着更高的效率。

小公司挑战大公司

经典管理理论和经济理论认为，一个行业的发展总是遵循从分散到集中，最后达到垄断的规律。工业革命早期，各行各业都有类似的经历。汽车工业起初是大量的马车公司转型的产物，公司数量众多，后来通过竞争、兼并等手段，公司越来越少，最后就剩下几家寡头公司。在石油工业领域，洛克菲勒在几年的时间内用各种手段消灭了竞争对手，并将效率提升到一个很高的程度，石油的生产成本从每桶 88 美分，降低到 5 美分（当时的价格）。钢铁工业、近期的 IT 软硬件行业全部经历了类似的过程。

但如果看手机行业，就会发现一个反常的现象。2006 年年末，全球十大品牌之后的“其他”市场占有率为 14.3%，5 年后的今天，“其他”的市场占有率已经悄然爬升到了 34%。这是因为小公司找到更有效率的方式，用巨大的价格落差冲击市场。手机行业明明是 100 人便可以做一款手机，一款手机可以销售到数百万甚至上千万部，大公司出于传统的惯性，非要配置数千人、上万人。这不是肉搏群殴，太多的人马需要太多的粮草，一旦形式发生有利于小公司的逆转，大公司会兵败如山倒。大公司总是掩耳盗铃般自欺欺人，认为“这些小杂碎不过是小打小闹，在低端浑水摸鱼而已”。历史上每个国家、团体、个人遇到挑战时，总是疏忽大意。这种战争还会激烈演绎。

历史上，每次小公司将大公司拉下马都会带来效率的提升，并不是简单的改朝换代。微软和英特尔从 IBM 手中夺取了个人计算机的控制权之后，PC 的价格一路下滑，性能不断提高。若以金钱价值粗糙地衡量效率，PC 厂商每人每年要创造 100 万美元的产品销售，而 IBM 只有 30 多万美元，所以它只能退出这个行业。同样，Google 以免费方式侵蚀了微软的市场，进一步提升了软件行业的效率。

借助互联网产品渗透比靠地面部队迅速得多，只要产品足够有吸引力，客户并不像过去一样很在意它究竟是小公司出品还是大公司出品。

环节独立竞争

三星电子从外包三洋电器的产品起家，逐步成为一个电子消费品领域的巨兽。随着生产成本的提升，企业通常都会将制造环节转移到成本较低的国家。但三星电子现在依然有庞大的制造工厂，同时，也把自己生产的电子元器件卖给竞争对手。作为一个具有超长产品线的公司，三星的做法是让各个环节独立参与竞争。比如三星手机可以使用三星制造厂生产的产品，也可以使用其他制造厂生产的；三星的制造厂要想得到三星手机订单，也需要与外面其他厂商匹敌的竞争力。

深圳的山寨手机就是以独立环节参与竞争的典型。手机集成商是手机的拥有者，投入较大，产出也较大，手机集成是一个高风险、高收益的环节。设计公司则从集成商那里接订单，或者将自己设计的手机卖给集成商，每部手机收取一定的“版税”。设计公司之中又可以细分成很多具体的类型，有专门设计界面的，有专门设计硬件板卡的，也有设计外壳的，而且设计公司也会到更专门的设计公司购买设计。

研发、生产、销售、投资等环节现在都有独立存在的公司，这样每个环节都要面对外部的竞争，销售不能指望超强竞争力的产品，设计也不能寄生在强悍的销售羽翼之下，而不像几十年前，这些环节都必须在一个公司之中。

环节独立模式更容易挤干每个环节的水分，让每个环节的效率日益提高。20世纪70年代之前，每个产业都是纵向一体的公司，随着制造外包的兴起，这种模式慢慢瓦解。中国改革开放赶上了世界产业由纵向一体化向专门化演进的时机，经过20多年的优胜劣汰，不断快速进化，很多行业都产生了一批效率很高的小公司，这是中国企业的主要特点。

从制造外包到研发外包，公司专业化分工越来越普遍，越来越彻底。每个环节被单独切割出来，这样就形成了兵对兵、将对将的厮杀，效率低下的环节将无从隐藏，效率高的环节不受拖累，从而形成一种闭环系统。用高考的通才和专才来比喻：原来产业模式好比是考七科，竞争看的是总分，数学差一点，可以由语文来弥补；现在都是单科考试，偏科生有了表演的机会。

环节越多，每个环节的选择强度越弱，提高效率绩效也不明显，降低效率也没什么关系。由于劳动在不同公司的彻底分工，经过一些年的分化之后，PC公司已经变成了纯销售公司，而ARM（安谋国际科技股份有限公司）、MIPS（美普思科技有限公司）等公司靠专利授权为生，手机设计公司将设计卖给手机集成商，变成了纯研发公司。对于PC公司而言，重点是一门心思优化销售。台湾宏碁电脑就是一个典型，它的口号是，凡是能外包的部分全部外包。2010年，宏碁公司员工8000人，年营业额199亿美元，人均销售额超过200万美元，是全球人均销售额最高的公司。所以尽管这个行业利润率薄如纸片，宏碁仍然能赚钱。

中国效率

以人均销售额衡量，中国仍然是效率较低的地区，中国和德国出口量差不多，用的人数却是德国的20倍。从2012年《财富》杂志发布的世界500强统计数据来看，中国内地上榜企业平均雇用人数近19万人，高于世界500强公司平均雇员13万人的规模。世界500强公司中，中国内地企业之外的415家企业平均雇员人数为11.7万人，中国内地企业平均雇员人数是其他企业的1.62倍。

但考虑到中国商品缺乏品牌、普遍售价低廉，从商品产出量指标衡量，中国效率不一定很低，而且在很多领域，中国模式有其特别的高效性。

自动化生产是对抗劳动力优势的一个重要方法，当集装箱行业转移到中国来之后，面对中国的劳动力成本优势，美国一家公司设计了全自动、不需要工人的生产线，但经计算，成本仍远高于中国，只好放弃这个计划。

中国最独特之处是，各行各业都有世界最高的竞争强度，有最踊跃的参与者。

对成熟领域而言，中国能够迅速仿效最先进的经验。在制造领域，有人发明了一人一天可以制造100件衬衣的方法和流水线，中国会迅速引入这种方法，还会对其进行因地制宜的改变。王传福发现，对中国而言，生产手机电池最高效的方法并不是全自动的生产线，而是自动和手动结合。在引进生产线的同时雇用了大量的工人，降低成本，没用几年，他的公司就靠着这种“先进”生产方法成为这个行业市场占有率很高的一家供应商。

领先的公司容易固守某种信念，而实际上这种信念并不见得正确。中国人缺乏理论素养，于是总有人做各种各样的尝试，一些奇异的成功者就此脱颖而出。

在地图导航领域，Google 固守“网络”概念，每次查询地图都要自动联网，这样做的好处是本地存储的地图数据较少，而且确保用户查找到的数据都是最新的数据。但是，联网太慢，经常让用户感到很麻烦。对此，中国地图公司提供的方案更实用，它默认的模式是根据用户的安装地点，将用户附近地区的地图一次性安装在手机上，用户也可以将常用的地图下载到本地，使用起来非常方便。这样的例子多如牛毛，累加起来，就形成中国独特的实用主义加上“拿来主义”特色，这种方式经常率先寻找到最优解。

出于心理原因，领先者从不屑于向落后者学习，结果领先者常被落后者拉下马。战国时期，秦国本身是蛮夷之地，也没有什么文化，被其他国家所不屑，即使商鞅变法效果明显，其他国也不会像秦国学习。

中国的优势是从制造环节开始的。

到了 20 世纪 80 年代，世界制造外包进一步深化，从原来少数的行业蔓延到几乎所有生产有形产品的行业。中国正好进行改革开放，与其他同样低工资国家相比，中国劳动力具有数量庞大、受教育程度较高等因素，即便企业对劳动力的需求量再大，短期内也不会导致制造成本上升，所以，中国迅速成为最理想的生产基地。生产的方式多种多样，既有外包型，也有发达国家在中国成立独资或者合资的制造公司。当中国学会一些简单商品的制造和质量控制之后，发达国家的厂商发现可以走一条更省事的赚钱方式——贴牌。这样赚钱更容易，于是有些厂商逐渐放弃了制造、设计等各个环节，成为靠品牌赚钱的空壳公司。这样的公司曾经一度被鼓吹为最精明、最佳商业模式的公司。

经过 30 年的磨砺，“中国制造”已经成为全球最重要的经济模式之一。据美国研究机构 HIS（基恩资讯）测算，2010 年世界制造业总产出达到 10 万亿美元，其中，中国占世界制造业产出的 19.8%，略高于美国的 19.4%，从而成功占据美国曾把控 100 多年的制造业世界第一的“宝座”。但若以人均效率而论，“中国制造”的效率远低于美国。美国在2010年的制造业产出仅略低于中国0.4%，但美国制造业只有1150万工人，而中国制造业雇用了1亿人。美国的劳动力生产率比中国高效近10倍。据估计，未来的一个世纪，世界制造业都将保持中国第一、美国第二的格局。

从时机上说，“中国制造”的很多产品进入了质量无差别期，这是对中国企业劳动生产率的重大考验。以彩电为例，索尼、松下等日本电器崛起时期，不同产品质量是有明显差异的，在这种情况下，质量好就容易获得溢价，建立起品牌优势。30年后，这个产业转移到了中国手上，技术越发成熟，质量不再具有显著差异，品牌和品牌溢价就无从谈起了。长时间没有品牌溢价，这种情况对公司产生了巨大的效率压力。

另一个影响劳动生产率的因素是产品单价。劳动生产率这个指标在学术上是以金钱来衡量的，它不关注每个员工平均制造多少辆汽车，而关注每个员工每年创造多少产值。因为中国产品比较便宜，如果转化成生产产品的实际数量，“中国制造”占有的比重将提高不少。按产品件数计算的劳动生产率会比按价格计算的劳动生产率高出不少，但是，因为产品种类众多，按每个员工实际生产产品数量计算过于复杂，而且缺乏可比性，所以没有人这样计算劳动生产率。学术上单纯以金钱衡量劳动生产率的方法具有简洁的特点，它能比较准确地反映当下生产情况，对趋势则缺乏判断。比如，德国产的1辆汽车的价格相当于中国产的10辆汽车的价格，在每辆车生产人数相同的情况下，中国工人的劳动生产率只有德国工人的1/10。

稍微长期地看，如果消灭了别人的品牌溢价或者提升了自己品牌的溢价，生产率就会大幅上升。

以制成品衡量，中国制造的劳动生产率或许已经较高。一旦掌握了制造环节，不可避免地会向全产业链扩张。哈佛大学教授、畅销书作家克里斯滕森复述了戴尔如何一步步把PC业务中的低附加值部分转移给台湾厂商华硕的过程。从主板、电脑组装、供应链管理直至电脑设计，每一步戴尔都接受华硕的条件，因为每一步都让其盈利状况更为可观：成本下降，营收保持不变。可是到最后，戴尔除了一个品牌之外所剩无几，而华硕则平稳发展，也确实凭借低成本向百思买提供更便宜、性能更好的电脑。美国的产业优势就这样被侵蚀。

中国主流的意见认为，只做附加值小的制造没意思，无论一件衬衣、一只鼠标，还是一部手机，制造都只得到了一小部分价值。克里斯滕森却不这么认为，他说："他们以为一切还在自己的掌控之中，其实不然。他们早已经把自己的大脑外包出去还浑然不觉，这太可悲了！"

全方位制造为中国的智力产业提供了厚实的土壤，随时有可能生长出智力密集型产业。芯片业正在走这条路，按说，芯片行业都是高精密的自动加工，与人工低成本关系不大。理论上，这样的环节向低成本地区转移的驱动力不大。

2000年，中芯国际集成电器制造有限公司在中国大陆成立，此后的几年，中国大陆也掌握了芯片加工的所有环节，成为日后中国芯片设计行业发端的基础。中国设计和美国设计、日本设计最大的区别是，中国设计是在产业链高度分工的环境下诞生的，如此一来，智力劳动环节从开始就具备较低门槛、较多参与者的特质。只掌握一种芯片的设计技术就可以进入这个市场竞争，这势必导致超高的竞争强度和超快的发展速度。所以，我们会发现，中国芯片公司的毛利率比史上老牌的芯片设计公司毛利低得多，市场进行着残酷的效率选择。

"制造不赚钱，只有位于产业两端的公司赚钱，一端是设计公司，一端是品牌拥有者。"这就是施振荣1990年提出的微笑曲线。这其实并非一个经济规律，而是一种临时现象。制造利润率低下是中国因素导致的，因为参与的公司太多，竞争强度太大。赚钱与否本质上与行业和产业链的位置无关，只与竞争强度有关。哪个环节更赚钱只是一种临时现象。"制造不赚钱"只是一种更直观的描述，因为对本质的描述不容易被人理解，如果说竞争强度太大就不赚钱，人们通常理解不了，产业链上一个环节的竞争强度也无法量化。口号式答案更易于被理解、接受和传播，尽管口号具有临时性、不严密、误导等诸多缺点。

倘若设计和品牌也有同样超高的竞争强度，这两个环节也不赚钱。具备超高竞争强度的两个条件就是：第一，产业容易进入，就像芯片设计行业；第二，中国人进入，因为中国有无穷无尽的人力资源，也包括智力密集型的劳动资源。

中国因素已经提高了制造业的效率，压低了制造业的利润。接下来不久，人们就会发现，中国的参与会极大地提高智力密集型产业的竞争强度，会使这个行业向着更高效率、更低利润的方向发展。

资料显示，超过 200 年历史的企业，德国有 837 家，荷兰 222 家，法国有 196 家，最多的是日本，有 3146 家，为全球最多。中国现存的超过 150 年历史的老店仅 5 家：六必居、张小泉、陈李济、同仁堂以及王老吉。而且中国中小企业的平均寿命仅 2.5 年，而欧美企业平均寿命为 40 年。

与老牌发达国家相比，中国是一个充满失败的国度，在中国几乎没有什么百年老店，也不时兴伟大的企业，“你方唱罢我登场，反认他乡是故乡”。各行各业都在快速迭代，不断提高效率，谁也别想坐享其成。

集群效应

中国人的行为方式总是被嘲笑。一则笑话说，如果有人开饭馆挣了钱，中国人就会去旁边开第二家饭馆，而犹太人则会在旁边开小卖部。意思是中国人没有创意，喜欢抄袭，最后造成同质化竞争。用经济学术语说，在饭馆边上开饭馆是同种业务，饭馆边上开小卖部则是互补性业务。

从实际的经济效果说，同种业务模式未必不是一种好的业务模式。无论哪个城市，都会有饭馆一条街、购物步行街、酒吧一条街、聚集在一起的电子市场等。同种业务聚集在一起最大的好处是会吸引更多的顾客光顾，从而使每个店面都受益，这种方式优于单独开一个店。在经济上，这种效应叫作集群效应。

1990 年，迈克尔·波特出版了巨著《国家竞争优势》，重点研究了产业集群所形成的优势。中国产业群落特征十分明显，绝大多数行业都扎堆在一个区域，如北京电脑交易集中在中关村一带，深圳的华强北则是消费电子批发中心。围绕着电子交易市场，又有各种各样的工厂和公司，生产各种各样的元器件。

以手机为例。2011 年的产业环境对山寨机非常不利，自由市场受到了极大的打击。中国的电信运营商大规模补贴销售手机，使得进入运营商柜台的门槛相当高，整个中国有多家手机制造厂家，深圳本地就有上千家，但却只有华为、中兴、宇龙、联想 4 家主要供应商的产品可以摆上运营商的货架。2011 年是深圳的大运会年，深圳持续大规模打击高仿山寨机，不允许把山寨机拿到市面上兜售、交易。

在这种非常困难的条件下，据有关机构根据特定芯片的出货量计算，深圳国产手机产量（不包括加工的国外品牌）超过 9 亿部，而中国国内一年的全部手机需求量只有 2.7 亿部，且大部分市场都被国外品牌占据，也就是说，深圳的绝大部分手机都出口到了国外。在手机集散地华强北有数千种机型，背后则有数不清的加工工厂、零部件代理公司、手机设计公司、芯片设计公司，这些公司像一个复杂的生物群落，形成了相互依存、相互竞争的关系。

产业集群不限于生产和研发，很多行业都有这样的特征。经常上淘宝网的人会发现，一个品类的商品卖家通常会集中分布于一个或者几个地方，卖鞋的在福建莆田，卖照相机的在深圳、北京、上海，卖手表的基本上都在广东珠三角地区。生产型企业的群落特征更明显，深圳横岗一个小小的区域生产了全球 60%

以上的眼镜，福建石狮则聚集着众多中国品牌服装厂商……

产业集群有多种优势。

- **吸引更多的顾客**。就像饭馆一条街、小吃一条街等可以吸引更多的顾客一样，华强北作为全球低价手机集散地，也吸引了各国的采购者。有各种规模、各个国家的批发商到这里选货，然后到本国出售，这样即便不懂外语、完全没有国际销售经验的厂商也可以出口它的产品。如果没有这种集群方式吸引顾客，如此大范围、大规模的出口完全是不可能的。相似的产业聚集在一起相当于一个虚拟大企业，但它比大企业灵活，产品也更多样化，它是草根阶层的巨型企业。
- **降低交易成本**。以生产手机上的按钮等小型零件的厂商为例，如果没有如此众多的厂商聚集在一起，对于单件产品价格特别低廉的零件而言，交易成本将上升到可怕的程度。内地的一家鞋厂虽然有劳动力工资较低的竞争优势，还是败给了温州鞋厂，因为温州鞋的上下游供应商配套极为齐全，交易成本极低，资金流动极快。
- **更充分的人才流动和更优的配置**。在一个产业集群区域，一个公司很容易得到各种所需的人才，虽然自己的人才也可能流出。总体上，这种流动性让人才资源得到最优配置，发挥人才资源的最大效能。人才也在流动中相互学习、借鉴和渗透，水平不断提高。
- **加快创新速度**。每个厂商都试图寻找差异化，同时，大家又会盯着畅销品快速模仿。这种模式增加了产品的多样性，厂商有较大的创新压力，创新扩散也比较快。如果有人推出一个可以增加功能的新元器件，要说服大型厂商采纳是极为困难度的，很多零部件创新无法集成到最终的产品便夭折。但在一个产业群中，就很容易找到买主，手机集成商整天挖空心思寻找差异化，以突出自己的产品。第一个吃螃蟹的人一旦成功，就形成了迅速的扩散，所以，一些前卫的功能经常来自于山寨手机。

◆ **快速淘汰**。人们做很容易做的生意时经常忘记一个基本的逻辑，越容易进入的行业，淘汰率也越高，否则这个行业就会迅速膨胀到巨大的尺寸。即便是有全球的市场采购需求，一个产业集群形成之后，也会在几年内市场饱和，这个时候，还会有人疯狂涌入这个行业，于是快速淘汰不可避免。很多人认为淘汰就是衰落，他们在论述深圳山寨手机时，总是引用某个工厂又关门倒闭作为行业衰落的例证。大多数人没有意识到淘汰本身就是一种竞争优势，产业群的竞争优势和垄断性竞争优势有很大的区别，产业群中，参与者通常都只是产业链上小小的一个环节。不断有进入者和退出者，胜利者只具备短暂的、微弱的优势。

形成集群的方式有几种，最常见的方式是：先有一个种子选手开疆拓土，形成一定的竞争优势或者掌握某种技术之后，有人从种子公司辞职创业，专注于一两个环节再创业，成为较为专业的公司。

1988 年，富士康在深圳落户，生产电脑接插件、精密零组件、机内线缆、精密模具及电脑整机等。多年以后，深圳周边形成了电子产品制造的产业集群，从富士康跳槽出去单干的人就像富士康这棵大树洒下的种子，遍地开花。它们规模不同，形态各异，小批量、大批量，质量较高价格也高、质量平庸价格低廉等各种制造需求在深圳及周边地区都可以找到合适的工厂。

各种产业到中国之后，都容易分散化。1986 年，中国科学院与美国纳斯达克上市公司安络杰（Analogic）合资成立了一家专注于医疗设备的股份有限公司。

20多年过去，这个公司并没有长大，成了一家“小老”公司，但它却成了深圳电子医疗行业的“黄埔军校”，繁衍了许多医疗设备公司，子又生孙，孙又有子。由于医疗设备种类繁多，采购者也呈现区域、条块分割的局面，这种产业类型通常很难具备规模优势，市场条件和技术条件让低端医疗设备呈现天然分散的特点。每个小型公司都有自己独特的市场资源或者产品特点，以小型、灵活多变的形态适应着中国特别的市场情况。

先发优势有时也会形成产业集群，很多情况下，市场遵从马太效应，强者越强。白沟是位于河北保定的一个小镇，距离北京、天津100多公里。白沟箱包业起源于20世纪70年代初，经过30多年的发展，不仅建起了庞大的生产基地、大型现代化箱包交易城及配套专业市场，并成立了专职的箱包科研机构，成为富民强市的特色产业。白沟箱包业带动了周边的高碑店、雄县、定兴、容城等县市的30多万人从事箱包生产、加工、贸易或与之相关的行业。白沟主要的优势就是先发优势，经过几十年滚雪球式的发展，白沟箱包生产企业有1.1万多家，箱包产品达40大类、50多万个花色品种，2009年产箱包6.5亿只。

现在中国已经形成了若干行业的产业集群，每个集群都有惊人的产量，一地生产的产品几乎可以满足全球所需。这种模式是中国产业群的一个主要特征，通过极其严酷的竞争，摧毁一个个竞争者，最后，全球的一些小细分行业都集中在少数的几个产业集群中。

不过，翻看任何一个集群基地任何一年的总结文章，都充满了这样的字眼：产品档次低，附加值低，同质化严重，竞争激烈，缺乏高端品牌，规模企业少，产业分散等。这是实际情况，并非假装忧患。问题是每年都看似困难重重，但这种情况每年都向扩大化发展。

中国产业集群的这种特点也是极具杀伤力的，集群企业中的每一家都不强，随时有可能倒闭。由于集群塑造了无比的效率优势，其他地方难以匹敌，但集群内企业的竞争却造成了很多总体利润的丧失。比如，白沟箱包平均每件卖20元也是有竞争力的，由于激烈的内部竞争，最后，企业都只能赚取微利，将价格定为15元。

与传统模式相比，在产业集群中，新产品、新创意容易导入市场，也容易被市场迅速验证或者淘汰。战略也许是这些小公司的弱项，用战术方法逼近最优则是它们的强项。一家芯片公司发明了手机收音机内置天线的技术，以18美分的价格向外销售一年也没有起量，于是认为市场尚未成熟，还处于培育期。此时，又杀出一家公司，同样发明了这种芯片，并在性能上做了一些优化，以13美分的价格销售，迅速被市场接受。这个小案例就是集群方式和大公司的区别。所有的智力劳动，包括创新、策略都会立刻被市场检验，所有的组织形式也会迅速地反映到经营成果之中，迅速回馈系统让智力劳动形成闭环的时间变得非常短。

产业集群可能是未来最主要的一种竞争形式。传统产业理论认为，有些行业缺乏规模优势，适合分散，这些行业进入门槛低，技术含量低，协同环节较少，就会形成分散的市场。这种行业的规模一大，管理成本就会上升，效率低下，所以不适合形成大规模企业。而有些行业，需求共性高，技术复杂，产品环节多。这样的行业小公司没法进入，适合大公司、大规模。微软总部在西雅图，这是一个只有60万人口的小城市，微软足够大，却未形成软件集群，微软散落的种子无法长出“新微软”。传统理论认为那是因为微软做的是操作系统、办公软件等大型、通用软件，软件产品扩散成本极低，也几乎无个性化需求，所以微软不会衍生出小公司。不过这种理论也不一定完全正确，ARM也是一家技术性公司，却衍生出无数芯片设计公司。

有些行业天然分散，如理发店、服装行业，有的行业天然集中，如世界上不可能有很多飞机制造公司，而大多数行业处于模棱两可的状态，手机、计算机、芯片设计、生物工程等就是这样一个行业。以前一直认为手机行业将是大公司的天下，即使现在山寨机大流行，行业集中度比5年前降低了很多，大家仍然认为手机行业是大公司的天下。在任何时间点，观察任何行业，人们都会说差不多的话——现在正在洗牌，过不了多久，就剩下几家大公司了。实际情况却不是这样，任何公司都有长大的内驱动力，外部环境也总有分化、瓦解规模优势的动力，二者角力，生生不息。

产业变革的次序

高效模式不会一夜之间波及所有行业，互联网思维模式在向传统行业渗透的过程中也有先后次序。有些行业明显受到互联网模式的威胁，例如书店和家用电器超市；有些行业看来暂时和互联网模式无关，如B2B的销售仍然靠销售员直接向用户面对面地推销商品。

贝索斯建立了亚马逊网上书店之后，相当长的一段时间在产品品类上没有扩展，其他仿效者也仅在图书、音像制品领域活动。后来，人们突破了这样的界线，产品迅速蔓延到非常多的领域。现在服装类产品已经是淘宝网第一大类商品，但深圳最大的淘宝网店是在网络上销售瓷器的，这种产品既不便于运输，也不便于当场检验质量，而且单位重量的价值太低，看来也不适合电子商务，但事实上，商家把这个生意做成了。

产业的革命有次序性，苹果如果早两年推出iPad可能就不会成功，从iPod到iPhone再到iPad，前一步是后一步的基础，顺序不可颠倒。iPod从最容易进入、竞争强度最小的MP3入手，积累到一定的人气和品牌，才可以攻击更为强大的移动电话阵营，等iPhone成功并且后端建立了足够多的内容之后，才可以推出iPad，如果开创一个新品类，后端没有足够的应用，企业会活活饿死。大家都知道一句格言：领先一步是先进，领先两步是先烈，领先三步就是先驱。领先太多，环境不成熟，遇到的阻力就会非常大。真正能融会贯通地领会产业次序的，只有很少的人。

不同行当提升效率的潜力还是有巨大差别的，并且一定有先后顺序。贝索斯首先通过网站卖图书，凡客诚品首先卖衬衣都是有道理的，即便很多产品都适合拿到网上去卖，也有先后次序之别，并且每种产品都有微妙的产别。

哪些行业的劳动效率会有巨大提升，哪些行业不会，效率提升在不同行业的先后顺序如何？这其实是可以预言的，就好比下围棋，尽管每个人有不同的选择，在行棋次序上也有不同，但没有人先去收官子，后占大场。

可以“以一当百”的行业，必须是一些能够最大限度利用时代机遇的行业。19 世纪的时代机遇就是率先实现机械化，例如机械化的纺织行业比起手工纺织行业，将效率提升了 10 倍，这为英国创造了巨大的财富。20 世纪，这个时代机遇主要可能就是流水线的生产方式，谁率先用了流水线，谁就获取了超额利润。21 世纪最大的时代机遇可能就是互联网，那些最适合利用互联网的行业或者某个环节劳动效率将提升得最为迅速。所谓运用互联网，是多层次、多维度的。可能是电子商务，可能是开放源码，也有可能是社区、兴趣小组形成的跨地区、跨组织的智力组合。

让我们看一下互联网未来的发展，它是智力行业的一个基础工具，就像运输工具、电力一样，也是许多行业产生变革的原因。

现在，距离蒂姆·伯纳斯·李 1990 年发明“万维网”只有 20 多年的时间，探讨互联网对未来影响的书籍便已汗牛充栋。笔者本人尽管从事与互联网相当接近的行业，本质上却是一个技术保守主义者，讨厌一轮又一轮概念的炒作，反感出于商业目的对技术夸张的、不切实际的吹嘘。但我还是认为，互联网的孕育期还太短，它还有巨大的潜力。内燃机从发明到规模应用用了二四十年，发电机、电动机从发明到规模应用也用了二三十年的时间，电视机的普及用了三十多年，计算机和手机从发明到普及用的时间也差不多。互联网的多样性远胜于上述几种重要发明，这个因素会减慢这项技术成熟应用的速度；尽管在此领域开拓的人也远多于内燃机、汽车和电视机，而这个因素又会使这个行业快速发展。两个因素中和起来，预计这个行业还有20年的快速成长期是适当的。

现在，互联网只是帮助人们加工、存储、选择智慧。互联网促进了信息的流动，降低了人们获得知识和创作新知识的门槛，但在顶尖智力创作活动中发挥的作用有限。例如，对于研制一种药品或者设计一辆新的汽车而言，互联网的作用并不大，但是，消费者却可以很容易地利用互联网了解他们想知道的普通信息，这种“了解”会改变很多行业。过去你去一家陌生的餐馆之前，并不知晓它的基本情况，但可以通过网络事先了解人们对其的评价和看法，而这种做法会对餐饮行业产生很大的影响。

历史上，每一项重大发明都会产生广泛的辐射力，互联网与上述任何一项发明创造相比，都有更大的多样性应用潜力。机械解决的是力量问题，互联网现在解决的是信息问题，将来则是智力问题。机械不只是一个像杠杆一样放大力量的工具，很多情况下不需要人工参与，它也会产生力量。

消费电子行业在过去是效率提升最快的一个行业，这个势头仍将继续，因为这个行业从研发到市场，从供应链到加工，每个环节都有重大的改变机遇。在过去的二三十年，这些行业已经发生了质的飞跃。盖茨说过，如果汽车像计算机发展得一样快，那么现在一辆汽车只用25美元，一升汽油可以跑400公里。哈佛大学前校长萨默斯说：“在过去二三十年中，一台同等质量的电视机与住院一天的相对价格变化了50倍。人们常说，普通工人的工资一直停滞不前，但这种说法掩盖了一个重要的事实：以家用电器或服务等生产力增长迅速的物件来衡量，在过去30年中工资实际上是增长的。问题在于它们相对食品、住房、医疗、能源和教育等价格显得停滞不前，甚至下降。”

过去几十年，消费电子领域效率的巨大提升，除了这个行业特有的天然属性之外，众多人的参与、众多的智力投入、重大的发明创造对这个领域的改造等都是非常关键的因素。

消费电子效率的提升是多维度、全产业链的，创造效率、流通效率、制造效率等都有可能提高很多。

每个行业都有它特别的天然属性。机械行业与电子行业相比，是“宏观加工”，材料和加工费势必比较高，它不可能和电子行业有同样的潜在发展的可能性。材料科技最终受制于自然界元素之间的化学键，不可能生产出比石墨烯强度更大的材料。芯片和计算机行业终将有极限，只是现在距离极限还差很远，最复杂的计算机在很多功能上与人脑相比，还有质的差别。从原理上，化学工业的发展潜力是无可限量的，计算机最终也因选材和“制造工艺”上不像大脑一样苛刻，终究会超过人脑。

接下来就是非电子消费品领域，这些行业可以最大限度地利用互联网作为流通工具，但互联网对它的研发不会有多少作用。谁都看到了现在消费品流通模式效率低下的现实，各种形式的电子商务此起彼伏，这个行业还处于萌芽时期的快速进化状态，不久很可能成熟。

B2B 业务的销售部分是最难以改变、最难提高效率的，技术上的因素倒在其次，复杂的商业环境总是让这些行当的变化非常缓慢。

企业购买方式与个人购买方式有很大的不同，它们购买大宗商品，通常需要较为复杂的产品组合、产品定制或者较为复杂的服务。

复杂的产品组合需要很多面对面的沟通和交流，卖方的销售人员自然无法省略，较为复杂的 B2B 现在还看不到被更高效的商业方式——比如电子商务——取代的可能性。IBM 是带头鼓吹电子商务的主要厂商，却见不到它自己用电子商务做生意就是这个道理，它只是用人员借助“电子商务”的名义将自己的产品和服务推销给其他厂商而已。B2B很难实施电子商务，因为B2B生意有很多特殊性：

- 产品几乎无标准定价，所有的商品都可以议价。
- 大多数商品都需要一些服务，甚至定制服务。
- 都是公司花钱，在很大程度上会扭曲市场对最佳效率的追求。

价格是电子商务的核心问题，它并非简单的低价，而是指最有效率的定价方式。我们举一个消费品定价变迁的例子来说明这个问题。在个人购买中，这些年交易价格确定方式的变化很明显。在国营一统时代，所有商品都明码标价，没有砍价的可能性。改革开放之后，建立了个体自由市场，很多东西都可以砍价。对于价格敏感者而言，他们砍价越久，砍价的决心越是坚决，商家付出的成本也越高，而成交价则越低。这与B2C（Business-to-Customer，商对客）的砍价模式是一样的。B2B广泛存在着“杀熟”现象，乙方对甲方越是宽容，甲方越是变本加厉地提高价格，获取超额利益。

买家疯狂的砍价行为本质上是一个缺乏效率的交易方式，它能存在的原因是买方存在砍价回报激励，卖方则存在“边际销售”激励——高于边际成本之上的销售总能赚到一点钱。暂时牺牲一些效率，寻求更好的交易方式本身也是市场进化的一个步骤，进化走的不全是直线。我们大多数人仿佛都可以回忆这样的事实：没完没了砍价的交易方式倾向于向“不二价”的固定定价方式进化，只要这种交易方式能提高效率。比如市场存在较多的同类可比较商品，市场的人流足够多，主要向重复的回头客出售商品等。在这些市场，固定定价方式往往能促进销量的上升。

B2B交易方式存在相互矛盾的两种进化压力。除了砍价带来的，另一方面，因为买单者和主管采购的人是两码事，很多情况，主管采购的人有多种复杂的目的，也不甚在意拿到尽量好的价格，有的为了收取回扣，故意制造一些苛刻的条件让少数供应商满足，以降低竞争强度，提高购买价格。有的为了保险起见，不愿意冒风险引进名气不大的竞争者。IBM私下有一句广告词——没有人因为购买IBM产品“下课”，即便出了问题，采购者也很容易交代清楚——它是世界上最好的，它出了事，采购其他的产品问题就更大。

因为有这种利于卖方的因素存在，B2B业务只是门槛较高，一旦进入，可以比较舒服地挣好多年钱。进入门槛较高客观上也减弱了竞争强度，进化压力减轻，又让这个行业的发展较为缓慢。

有些同类商品，既有民用，也有公用。产品的实质可能是差不多的，但是打上“工业用”这样的标签，实际售价就可能提高几倍甚至十几倍。家用的空调几千元钱，机房专用空调要几万元钱；家用的路由器或者小型办公室用的网络设备几十到几百元钱，“老公家”用的同类商品要几千元到几万元不等。B2B方式中，买方故意提高产品规格，以便将项目做大是再正常不过的事，很多人误以为这是中国特有的回扣驱动模式，事实上不是，全球皆然，尤其以美国为甚。科技一方面是需求驱动的，另外，不可否认的是它也是浪费驱动的。

B2B一些相互矛盾、相互掣肘的因素多年保持平衡，坦率地说，笔者尚未发现有向“低价高效”方式进化的趋势。20年前的计算机分为个人计算机和UNIX工作站，前者被定位为民用，当然彼时的计算机是很贵的，实际购买者也可能并非个人，而是“老公家”。后者的定位是高性能工程用计算机（按照本书的角度，应该叫作公用）。一些“老公家”用户出于非常特别的原因，总是购买价格高出PC10倍的UNIX机，这种模式也让UNIX机多活了很多年，现在，它仍然退守在银行和电信的机房，因为据说它是“更可靠”的计算机。而应用量最大的网站，在需求量巨大、初创期资金紧张等因素的压力之下，早已经将“更可靠”、“更高性能”的计算机抛掷到九霄云外。

谁知道计算机行业发生过的事情会不会蔓延到其他领域？只要市场要足够大，客户具有多样性，这样采购者和供应者双方尝试新方法、新模式的情况就会足够多，效率因素就更有可能在竞争中胜出。网络设备供应行业就是这样的一个行业，所以，思科的高技术、高价格模式迟早会像 UNIX 机器一样消亡。

消费品比工业品进化得更快，工业品公司如果不主动求变，还沉浸在多年不变的商业模式和管理模式之中，将慢慢被同类的消费品公司瓦解。

最难提高效率的行业当属服务性行业，尤其是人对人的服务性行业。发达国家服务性行业就业比重通常超过 70%，这是很重要的一个原因。

以日本这个“造物国”为例，参与实物产品制造的工人比例多年来一直不断下降：从 1970 年的 27%，降至当前的 17%。根据总部位于巴黎的经合组织（OECD）的统计数据，日本的这一比例处于英美（仅十分之一的工人从事制造业）和德意（这一比例为大约 20%）的水平之间。

未来只有那些能借助现代工具的服务业效率会进一步提升，自动柜员机已经让银行业节省了大量人力，网上营业厅让电信业的实体营业厅萎缩，网上自助订票系统会越来越多地抢机票代理的生意。由此看来，很多类型的服务业也明显受到信息技术的冲击。

如果一个一个行业地看，很多绝对需要人手的服务行业其实也不是那么可靠，幼儿园老师没有办法被取代，大学老师存在的必要性将来却会令人生疑，网络上到处都是全球顶尖教授的讲课录像，为什么一定要关在教室里听非一流老师的课程？实体销售店可能永远都需要服务员，问题是顾客不一定非去实体店不可。

07

效率工具

很显然，汽车跑得比马车快，但汽车刚刚发明之初可不是这样，那时很多人认为汽车不过是玩具而已，成不了气候。

20 多年前，计算机绘图刚刚兴起的时候，一位计算辅助设计的教授固执地认为计算机绘图怎么也不可能比得上用铅笔在图纸上绘图。

每个时代、每个公司都有很多困惑，当下的选择总是非常困难。手机厂商并不清楚它的产品是通过网络销售好，还是通过代理销售好，也很难判断自行研发好，还是从专门的设计公司“拿来”更优。诺基亚公司用了几年的时间也没有搞清楚它的智能手机应该用什么操作系统。手机的安卓操作系统免费、市场占有率高，但是，用这种操作系统的厂商过多，竞争强度极大，那么大型厂商是否应该研发有自己特色的操作系统？

可以说，选择无处不在，没有人能讲清楚这么庞杂的问题。有一点是很明确的，要想“以一当百”，必须尽量寻找高效的工具。

不再重复发明轮子

在观察一个行业、一种生意之时，笔者总是本能地探究这个行业的本质。现在，我们有必要归纳一下智力工作的本质。

经济学常识和互联网普及让更多的人知道，知识扩散的成本为零。这句话还有一个推论，即知识创新只需要一份。

体力劳动创造的实物多一份是一份，一碗牛肉面一个人吃，两碗牛肉面就可以让两个人吃；一人生产一块肥皂，另一个人也同样生产一块肥皂就变成了两块肥皂。知识产品不遵循这个规律，牛顿发现了万有引力定律，再发现一个万有引力定律就毫无意义。特斯拉发现了交流电，后人需要做的是改进交流电，一模一样的重复发现没有意义。

西方谚语“不要重新发明轮子”，说的就是这个意思。

当然，这只是一个抽象的、剔除了很多因素的模型。在实际经济运行中，大多数的产品在被重复发明、重复设计。市场上总是存在同种类型的 A、B、C、D、E、F、G 等多家公司，它们都在“重复发明轮子”，以便分食利益。

“重复发明轮子”在理论上是低效的，但在现实中，人们想方设法把发明创造封闭、保护起来为自己牟利，因此很多情况下，不得不重复发明轮子。拿来主义和自立更生之间的选择仍然是一个充满争议的问题，用专业术语说就是横向整合与纵向整合问题，这个问题已经被研究了几十年，没有结论。

假如有一个汽车公司说：“福特，把你的设计图纸卖给我如何？”福特肯定不会答应。因为将这些知识产品附着在汽车上可以卖很多份，赚更多的钱。人们总是想法设法让智力劳动的成果牢固地附着在产品上，拷贝尽量多的数量，以实现利益最大化。

纵向整合有它的道理，因为出售一个中间品，一锤子买卖，挣不了几个钱。起初生产打火机的人要做的是打火机，而不是打火机上的一个轮子。起初做手机的公司做的也是整部手机，而不是手机上的一个部件。因为分离的环节起初总是难以出售的。打火机有市场，打火机上的轮子到后来才可能有市场。手机有市场，手机上的零件后来才有市场。

在很多行业，起初都是纵向模式，是五脏俱全的公司。人们的欲望也总是倾向于纵向整合，环节之间的紧密耦合关系还可能铸造更大的竞争优势。王传福买来一些零部件攒汽车，一旦销售达到一定的规模，他倾向于自己生产和研发部分零部件，直至形成完美的纵向整合，这与福特当年的做法没什么两样。大型手机厂商常常希望开发自己的操作系统，使用自己研制的芯片，以实现差异化或者“独特价值”。宁可自己做的元器件贵一些，性能差一些，功能蠢一些，公司往往也要扶上马走一程。一次失败之后，很快就会卷土重来，再进行新的尝试。本来大多数公司都想成为苹果这样的封闭公司，只是做不到而已。

纵向整合造成了市场上到处都是“重新发明轮子”的公司，“重新发明轮子”的智力工作者。

另一方面，市场上总有在单一环节或者部分环节上有竞争力的公司，它们出售零部件会扩大知识产品的共享面。以计算机为例，一个公司既可以研制软硬件一体化的机器，也可以只研制软件或者硬件，通过市场组合推出计算机。

20 年前，一台 386 个人计算机售价大约 3 万元，当时，个人计算机和 UNIX 工作站并存，工作站的价格在 20～40 万左右，是 PC 的 10 倍。工作站和PC 的区别是：前者从硬件到操作系统都是一个公司出品的，SUN（升阳公司）、惠普、硅图的工作站都用自己的操作系统、自己的 CPU；而 PC 不管是康柏、惠普、戴尔都用英特尔的 CPU（当时也有几家和英特尔全兼容的 CPU，可以简单理解成一模一样）、微软的操作系统。粗略地说UNIX工作站就是纵向整合，每个厂商都要重复发明轮子。PC是横向整合，公共的部分只有一份，每个PC厂商实现自己小特色。

经过了10多年的竞争，UNIX机器几乎从市场上消失了。这两种计算机体系的竞争是生产方式的竞争，典型地反映了智力劳动成果扩散方式的演化。

在消费电子领域，手机、电视机的发展史和UNIX与PC竞争的历史非常相似。从“重新发明轮子”的自治王国到智力资源只需要一份的演变，这种演变违背了多数厂商的意愿，但最终会实现，效率最终会成为经济运行的基本法则，这个进化过程和生物进化遵从同样的法则。

中国大多数企业都不是领先者，也非常缺乏世界级的品牌，但是，在产业演化方式上却是一个典型样本，它们通过效率法则逐渐瓦解了领先厂商的技术、设计和品牌。在中国，手机、电视、电话、机顶盒等各种各样的电子产品都有专门的设计公司，产品中各种各样的零件都由专业公司研发、生产，这些后台的公司没有为公众所知的品牌，只在幕后为品牌厂商提供产品设计、原材料采购等环节的工作。它们依靠较高的效率，给较多厂商提供产品和方案。

理论上，研发共享会提高效率，真正形成这种模式却要历经千辛万苦。在短短10多年的时间，中国手机行业经历了“国外品牌手机垄断—中国品牌手机崛起—中国品牌手机沉沦—国外手机重夺市场—山寨机爆发—运营商主导采购—国产品牌机重新崛起—山寨厂商蚕食市场”等几个阶段。每个阶段，整个产业链的商业组合都会发生巨大的变化，市场在深度搜索一种更有效率的方式。

2000年，中国厂商开始尝试进入手机行业，当年，国产手机出货440万部，市场占有率为5%。但这些手机大多都只是贴了一个国内厂商牌子的外国设计的手机，它们凭借较低的售价和极凶悍的营销方法，使产品占有率迅速上升。2003年，波导力压摩托罗拉和诺基亚成了中国手机市场的老大，TCL则紧随其后，国产手机夺下了半壁江山。

2004 年年末，国产手机由于缺乏在研发上扎实的投入，爆发了质量灾难，国外手机也开始降价，在质量和价格战的双重打压之下，国产手机经过短暂的辉煌，迅速沉寂。

本想国产手机已经落幕，谁都没有想到山寨机爆发了。

以往的国产手机主要依靠低廉的劳动力成本获得比较优势，并且已经败下阵来。在劳动力成本这个环节，山寨机和国产品牌机没有什么区别。二者最大的不同是产品从研发到销售各个环节的组合方式不同：传统品牌手机是纵向一体化模式，从研发、生产制造到销售均在一个公司完成（尽管它们没有研发基础的核心零件）；而山寨机的模式则是经过细化的结果，每个公司只专注一个大环节或者大环节里的小环节，设计、生产、手机拥有者之间是一个多对多的、极其灵活的组织方式。这种方式之所以能让中国手机东山再起，主要是因为：第一，重新组合的产业结构产生了巨大的成本优势，厂商把这个价格出让给顾客，形成了很大的吸引力；第二，具有非常快的反应速度，制造了异常丰富的多样性产品，渗透到了极其细微的市场。

山寨机通过对最基础、最关键部分研发的共享实现了基本的质量保障、节约了成本，通过众多的设计公司实现了多样性，渠道和销售方式的多样性则实现了无孔不入的广泛覆盖。山寨手机之所以比原来国产品牌手机的价格低廉许多，很大程度上是因为发挥了“共享智力成果”带来的巨大效率优势。

总体上说，计算机、手机等信息产品发展的历史就是深化智力资源共享的历史。这是这些行业发展如此迅速，产品价格下降非常快的原因之一。

共享研发体系具有很多形式，研发外包也扩大了知识产品的共享。

厂商为了追求利润，总是在寻求最低成本。首先，他们将最成熟、可控性最强的生产环节包给工资更低的公司。然后，研发外包也悄然流行起来。最后，公司只剩下一个品牌。

研发外包主要是软件编码的外包，这一始于20世纪70年代的模式现在也已经具备相当的竞争力。研发外包并不像制造外包一样主要是为了寻找低工资的地区，而是有更复杂的原因。

- **低人工成本模式**。印度软件工程师的人均成本只有美国的六分之一。
- **短期软件项目的蓄水池**。以项目形式存在的软件开发具有临时性的特点，将这种项目外包给第三方，可以避免“招人—裁员”这样的动荡。外包公司则像一个共享的蓄水池，今天给A做外包，明天给B做外包，达到人员效率最大化。
- **其他比较优势**。爱尔兰是英国西部的一个岛国，人口只有400多万，但它的软件外包产值仅次于印度，占全球软件外包市场的三分之一左右。与印度的低人工成本完全不同，爱尔兰本身就是发达国家，将软件外包给爱尔兰并没有人工成本的优势。但是爱尔兰在这个行业仍然具有很强的竞争力。现在，爱尔兰软件业在工业嵌入式软件、移动通信、企业管理、中间件、加密技术和安全软件等领域占据国际领先地位，只是没有自己的品牌。

共享研发还有多种多样的方式：一些专门的代工厂商（OEM）如富士康、比亚迪、仁宝等，从早期只做制造一个环节逐渐延伸到其他环节，它们也成立了自己的产品设计、研发队伍，从OEM升级到ODM（原始设计制造商）模式。在OEM模式中，品牌厂商将自己的设计拿给代工厂生产，然后再自行销售。在新模式下，品牌厂商也省略了研发、设计这个步骤，直接下订单给 ODM 厂商，取货即可。品牌厂商承担了一定的销售和库存风险，预期获得的利润也较高。ODM 则保持固定低利润、低风险模式。通过 ODM 方式，二者共享研发资源，提高了效率。

通信设备领域是一个纯粹的 B2B 模式，设备商把设备卖给电信运营商，电信运营商再用这些设备为个人提供通信服务。消费者通常不了解其背后的产业，就像我们穿衬衣但都不清楚衬衣生产线一样。电信设备商这样的行业采购者数量很少，全球也只有几百个，进入市场手续烦琐。这样的市场是一个典型的寡头市场，寡头之间不可能共享技术，理论上更容易形成纵向技术，每个厂商都要“重新发明轮子”。即便在这种比较极端的市场环境下，第三方提供的共享技术和芯片也不断整合着市场，以实现高效率。在新型技术领域，商用芯片也汹涌袭来，只要市场够大，时间稍微长一点，纵向封闭模式总会被共享知识模式替代。

在 UNIX 纵向一体的工作站、苹果个人计算机输给“Windows + Intel”之后，业界本已达成“共识”，认为专门聚焦于一个环节更符合潮流。谁承想，乔布斯的苹果卷土重来，从濒临倒闭的边缘重新崛起，用了 10 年的时间，市值增长了 60 倍，成为世界市值第一的公司，其规模、利润均超过曾经难以逾越的微软。

业界又重燃封闭系统和开放系统的争论。行业的两个大佬，乔布斯和盖茨对这个问题的看法截然相反。盖茨认为，苹果尽量控制产业链每个环节的做法只因有史蒂夫才会有意外的成功，并且在多回合的比赛中，开放系统一定会胜出。乔布斯认为，封闭系统就像能量，永不消失。

不过，开放系统和封闭系统并不是一对不可调和的矛盾体。假如苹果手机卖得足够多，具有像 Windows 或者英特尔一样的市场占有率，“苹果手机”这份知识世界上仍然只有一份。

重新发明轮子可以，但不能发明一模一样的轮子，否则你的发明就是一种没有价值的浪费。

现实中的公司，“重复发明轮子”的情况比比皆是。一家公司纠结到底是自己编码还是尽量利用开源社区的资源？公司往往宁可高价雇用大量蹩脚的文字工作者撰写各种劣质的报告，也不用社会上提供的优质资源。

公司级“重复发明轮子”有两种可能性：第一，人性的使然，商业历史不断证明多数公司都有潜在的不切实际的扩展欲望；第二，为了竞争的需要，企图造成一定的差异化。而较低级别“重新发明轮子”多半情况纯粹是为了私利，每个人都需要交出一张成绩单，每个部门也需要交出成果，不可避免的重复劳动比比皆是。即便在公司内部，开发同样产品，从事重复工作的情况也非常普遍，部门壁垒重重，管理者明知道这种内耗于公司不利，也会鼓励，因为谁退却谁倒霉。

从客观性看，“重复发明轮子”、养士之风盛行的公司都是有钱的大公司，它们有剩余的钱财，生存压力解除之后，就开始长出肥膘。

从工业地主到种子公司

早晨吃饭，笔者特意数了一下，一只玉米上面有246粒玉米粒，通常一株玉米可以结两只玉米棒，种一株玉米的毛利大约超过99%。

其他的作物也差不多，颗粒小的种子数量往往很多，一穗谷子超过1000粒，一穗稻子大约200粒。稻子是一种可以密植的作物，种稻子的“毛利”也很高。“春种一粒粟，秋收万颗子”，这就是农业的本质，利用太阳的能量，将一粒种子放大若干倍。

工业的本质也是复制，乔布斯研制出一款手机，复制上亿部，不畅销的手机也会复制几万部、几十万部。

与农业相比，工业的复制能力更强。除了能复制更多的产品之外，它不像农业受制于土地资源的限制，工业几乎有无限的复制能力，谁复制得多，谁就挣钱多。

“四海无闲田，农夫犹饿死。”大部分人都将李绅的这首悯农诗解释为万恶的旧社会使农民受到地主的剥削，并最终落得如此可怜，其实，这只是一个原因。99%的毛利也不一定就是好生意，年景歉收、土地太少、生产方法落后，限制了农业的复制能力；收成太多，粮食太贱等也会使这个高毛利的生意亏本。

欧洲人最早开创了工业，也最早发现了工业无穷无尽的复制能力，为了消化本国生产的工业品，他们需要找到更广阔的市场，加快海外扩张。1492 年，哥伦布登上美洲大陆时，欧洲人只控制世界 9%的土地，1801 年达到了1/3，1880 年达到了 2/3；1935 年欧洲人统治了地球 85%的土地，70%的人口。

欧洲最早的扩张，既用贸易方式，也用坚炮利剑，政治和军事力量是贸易的基础，然后，通过殖民的方式建立更为划算的垄断性贸易。

殖民并不总是上算的买卖，即使能使宗主国越来越富裕，但随着被殖民的国家经济水平日益提高，它们也产生了人权需求，仅凭掠夺原材料越来越无利可图，因为原材料占整个工业品的比重越来越低。举一个简单的例子就可以说明这个问题。比如一个国家为了纺织布料，抢夺一些棉花是划算的；如果再高效地将这些布料制成衣服，几件衣服就可以换取那些棉花，抢夺就变得越来越不上算。这样的道理看似简单，却从来都没有人说清楚过，即便是擅长演绎逻辑的西方人，在很多情况下也会对基本的常识缺乏真正的认识。

英国首相迪斯雷利在 1851 年的一句话可以说是这一时期英国对殖民地态度的最好总结：“殖民地是挂在我们脖子上的沉重磨盘。”以英国在冈比亚和黄金海岸的两小块殖民地为例，其商业税收远远赶不上行政开销。

不同国家的先后崛起，地缘政治又成为新的焦点，势力范围的重新划分引起了国家之间激烈的争夺。

经历了几个世纪的复杂战争，二战之后，人们发现了一个事实：用纯贸易的方式通常比坚炮利剑护航带来更多的利益，于是，一个新的时代开始了。

工业地主

旧时的地主之所以能剥削贫下中农，是因为他掌握了土地的所有权。地主时期的商业模式是：地主出土地、种子等生产资料，雇用农民劳动，实现那个理论极限毛利为99%的种植活动，付给农民“工资”，得到剩余的纯利。

现在的生产外包与地主模式非常相似。苹果或者惠普相当于地主，它们研制的产品相当于庄稼的“种子”，“地主”将“种子”拿到代工厂“种植”，变成千千万万的“果实”拿出去销售。

地主垄断的是土地，在制造外包模式下，原厂商虽不具备生产产品的土地，但可以通过严格的协议和品牌实现对复制品的垄断。富士康拿到苹果的样机之后，理论上自己可以不再借助苹果的协助就可以生产一模一样的手机，然后自己去出售，但是协议限制了这种可能性，这也是其商业模式得以维系的根本保证。这对双方而言是一个划算的买卖，种子的成本可能是其复制品的数万倍，没有这种保护，谁会去生产种子？

作为全球最大的EMS（Electronics Manufacturing Service，电子制造服务）企业，富士康有100万人，2010年产值约4000亿元人民币，人均年产值40万，生产的电子产品超过全球产量的一半。别看富士康拥兵百万，如果你拿这个数和那些拥有产品和品牌的公司比起来，那就是小巫见大巫了。

由于生产外包具有众多的优势，全球差不多所有的电子产品都采用了这种模式。“地主模式”风靡全球，“地主”自己研制出“种子”之后，找一个自带“土地”的“农民”去“种植”。

在农业时代，地主是少数人，多数人是种地的农民；在工业时代，资本家很少，工人是多数人；在现代，工人和农民都是少数，研制“种子”的白领和贩卖劳动“果实”的白领成了多数人。

之所以形成人力资源这种奇怪的比例，既有体力劳动生产力超高的因素，也有智力劳动生产力超低的因素。

如果秦孝公或者汉武帝穿越到现在，非被气死不可。现在从事实物生产的人数之少，史上罕见。在他们那个时代的人看来，现在遍地都是二道贩子。

中国大多数的封建帝王都是重农抑商的，历次经济改革都有重农抑制商的成分。现代经济学家和教科书认为古人很蠢，看不到流通创造的价值。其实，这只是一个方面，古人其实没有那么蠢。一来，直觉上流通不创造价值；二来，在农业社会，产品种类很少，市场很容易被商人垄断，这非但不能促进经济发展，反而还阻碍经济发展。看看炒房就知道，并非所有的交易都促进生产力的提高和社会进步。在农业社会，产品就那么有限的几样，垄断起来可能比现在炒房行为更容易。

经济能够在少量体力劳动者参与的情况下得以繁荣，盖因体力劳动的效率实在太高。那么多的智力劳动者都能获得很好的回报，皆因这些行业的效率实在太低。美国从事粮食生产的人只有 300 万，但这些人除了养活了 3 亿美国人之外，还用粮食炼柴油，同时大量出口粮食。用亚当·斯密的理论说，就是供应量决定价格。水虽然非常有用，但一文不值；钻石虽然毫无用途，却价值连城。假定有一天，全球歉收，导致人人食不果腹，人们就知道粮食其实是很贵的。同样，效率本身也不值钱，只有比同行效率更高才值钱。

尽管供需关系决定价格，但是，高效的富士康只能挣小钱，低效的原厂商则挣大钱，我们总觉得有点别扭。黑格尔说“存在的就是合理的”，意思是我们对待世界应该抱有谦虚的解释态度，这既是哲学家的基本使命，也是普通人观察世界合适的方式。但是，“存在的就是不合理的”似乎也很正确，万事皆在变化，工业社会的“地主模式”也有它的漏洞。

出卖种子

在竞争的世界里，地主模式已经受到出售种子模式的挑战。苹果不可能将它的设计出售给第三方，它更适合做一个地主，但不是所有人都具备同样的条件，总有人更适合出售种子。

一国或一个公司有了突出的优势，总是会拼命保护这些优势，从农业社会的真实的种子到工业社会各种技术，无不如此。如果你从发达国家或者是技术领先公司的角度看，它们对技术肯定严防死守，防止外泄，但这也只能抵挡一时。

法属圭亚那于1722年引入咖啡，先在总督府后院进行试种，获得成功后又在附近的农庄小规模种植。总督视咖啡为“国宝”，生怕被邻国、特别是当时在军事和经济上都占绝对优势的巴西掠走，所以，在咖啡园四周都有荷枪实弹的士兵昼夜巡逻，防止咖啡种子外流。

1727年，巴西与北方邻国法属圭亚那发生边境纠纷。为防止事态扩大，巴西总督派军官弗朗西斯科·德·莫罗巴列塔率团前往法属圭亚那进行谈判，试图以和平方式解决两国间的争端。岂料，他的边境问题谈判未果，却意外地成为巴西的“咖啡之父”。莫罗巴列塔抵圭亚那后，咖啡园更是戒备森严，重兵把守，不让莫罗巴列塔一行靠近半步。然而，这位英俊潇洒的年轻军官深得总督夫人的好感，总督夫人不但破例邀请莫罗巴列塔品尝咖啡，还亲自陪同他参观了咖啡园，并将一把成熟的咖啡豆和5棵咖啡苗赠给莫罗巴列塔。莫罗巴列塔得到这些种子之后立即离开了圭亚那，将这些“国宝”护送到巴西，从此咖啡在巴西安家落户。那些种子就是现在39亿多株巴西咖啡树的祖先。在早期的巴西历史上，咖啡的起步非常缓慢。莫罗巴列塔先生再次回到巴西之后，咖啡文化即在处于亚马逊河河口的帕拉州起步了。大约1773年，咖啡由北方传入地处东南沿海的巴西传统农业区：里约热内卢和圣保罗。由于这里气候很适合种植咖啡，加上土地肥沃、劳动力廉价等因素，巴西的咖啡生产得以迅速发展。

英国工业革命首先以纺织工业的机械化为开端，纺织工业为英国积累了大量的财富，也使英国发展为当时的超级大国。英国当然想垄断这些技术，他们只出口产品，不出售技术，禁止掌握纺织技术的公民向国外移民。海关严格审查，不允许未经获批的公民离境。美国等国家也想参与这场革命，刊出了一个“只要能在美国搭建纺织机械就有重赏”的广告。英国虽决意保守这些神奇机器的秘密，但通过广告，这则消息还是在纺织业内广为流传。其中，在纺织工业中心，德比郡贝尔珀市的塞缪尔·斯莱特就知道了这一消息。他清楚自己的天赋和技能正是美国当时所急需的，于是决定用英国纺织业的秘密来代替资本，到美国去实现自己的理想。斯莱特在美国成功地复制出了这些英国机器，他没有拿走一张纺织机的图纸到美国，只是将英国纺织机的图纸放在了脑子里。美国的纺织业就此发端，美国第七任总统安德鲁·杰克逊在接见他后，授予这位为美国工业革命作出杰出贡献的人“美国制造业之父”的称号。从英国的角度来说，塞缪尔·斯莱特就是盗窃了知识产权，为一己之利毁掉英国纺织工业的小偷。

现在，“出卖种子”已经成为一项正常业务，这是全球复杂竞争演化的结果。因为绝大多数公司只有一两个环节的优势，“种子”和“土地”通常很难掌握在一家公司手中，产业竞争优势被切割得支离破碎。英国的ARM公司掌握芯片设计的重要核心技术，但自己设计芯片却很难和英特尔竞争，出售知识产权给第三方是其最佳的选择。

Google和苹果的竞争就是卖种子和当地主者之间的竞争。乔布斯声称，他愿意花掉苹果在银行的400亿美元存款，发动一场核战争，摧毁Google的安卓，因为安卓是一个“抄袭产品”。Google CEO施密特则说，Google早在苹果做手机之前，就已经收购了安卓手机操作系统（苹果 2007 年发布第一款 iPhone, Google 公司 2005 年收购了手机操作系统公司安卓，但它对外发布手机操作系统比苹果晚几个月），暗示虽然安卓发布时间比苹果手机略晚一些，研发却不在苹果之后。乔布斯真正烦恼的是 Google 提供了出卖“种子”的业务，让作为“地主”的他很难受。

如果你的公司掌握了某种开发技巧，你是保密还是出售这种技巧？这要视情况而定。ARM 没有办法像英特尔一样将有关芯片设计的知识封装在芯片内出售，只能出售纯知识产品。ARM 这种模式仍然面临着其他欲出售种子公司的竞争。

回到工业革命早期，这是不可想象的。当时认为，发明了更好的纺织机是为了去纺织布匹，这样可以源源不断地卖布赚钱，但后来变成了直接卖纺织机，进而就会又有人出售纺织机的图纸。

出售种子模式增强了知识产品的共享和流通，减少了重复劳动，客观上提升了生产率。有出售种子的公司，也有大大小小的设计公司和制造公司，还有各种代理机构，参与市场竞争的门槛不断降低，同时竞争强度不断提高，选择压力越来越大。市场这只无形之手，这种进化的力量，每天都在选择效率较高的胜者。

英国的 ARM 公司通过向其他公司授权芯片知识产权的方式参与市场竞争。它是芯片领域的安卓，二者的区别，是安卓这种软件有可能带来诸如广告等衍生利益，而芯片无法带来衍生利益，ARM 通过向芯片设计公司收取少量的知识产权费用，维持公司的发展和运营。

这家成立于 1990 年的公司，目前全公司人数只有 1700 人，其中工程师超过 60%，是一家典型的研发公司。ARM 的商业模式和 Intel（英特尔）不同，它不生产和销售实际的半导体芯片，而是向合作伙伴网络（包括世界领先的半导体公司和系统公司）授予 IP（Intellectual Property，专利）许可证。这些合作伙伴可利用 ARM 的 IP 设计创造和生产片上系统设计，但需要向 ARM 支付原始 IP 的许可费用，并为每块生产的芯片或晶片交纳版税。除了处理器 IP 外，他们还提供了一系列工具、物理和系统 IP 来优化片上系统设计。

通过授权，2011 年，ARM 结构的处理器出货量达到惊人的 60 亿颗，差不多全球每人一颗，超过 Intel 出货量的 20 倍。迄今 ARM 已经向 200 多家公司出售了 600 个处理器许可证。ARM 的这种方式实现了芯片的多样性，其产品应用几乎覆盖到所有应用的微处理器领域，包括几乎所有的智能手机。此外，85%的硬盘、35%的电视都使用了 ARM 芯片。

科技产品是一个金字塔结构，最基础的技术数量很少，最终的产品数量很多。ARM 技术就一种基础技术，通过增减、变形最终形成形态各异的许多产品；汽车种类多，发动机的种类则比较少；生物种类虽多，而构成 DNA 的基础材料只有 4 种，构成蛋白质的氨基酸只有 20 种；手机种类很多，手机芯片的操作性种类很少。

但最基础的部分通常也是最难的部分，一旦这部分的"种子"被拿出来出售，从而减少了关键部分的重复劳动，后续很容易形成"蚂蚁雄兵"。适应各种需求后，各个细分市场的产品就如雨后春笋一样生长出来，产业的进化速度超越了过去的封闭模式。

"出售种子"是更极端的模式，但并不是最极端的模式，有人出于自愿，有的组织出于外溢效应的目的，干脆免费提供他们的发明创造，包括先进的工具、先进的平台、先进的产品。开源与免费不像人们多年前预期的那么有杀伤力，也不像现在人们忽略的那样无关紧要，一切重要的影响都是长期和隐秘的。

信息技术

信息技术曾经被认为是智力领域的机器，就像机械可以放大人的体力一样，信息技术可以大幅度地提高智力劳动的效率。而实际上却不是这么简单。

缝纫机是缝制衣服的机器，挖土机是一种土石工程用的机器，计算机却不是用于计算的机器，从分类上说，它是一种通用目的技术。通用目的技术是一个经济学常用的名词，它并没有一个严格的定义，专指那些能够带来广泛应用的技术。电力、汽车、晶体管等都具备这样的特征，这些产品的发明都对整个社会的许多行业产生了深远的影响。往细里说，蒸汽机、内燃机、计算机、互联网等都属于通用目的技术。

工业革命时期的通用目的技术提供的主要是动力，以机械代替手工和畜力。人们之所以将现在定义为信息社会的一个重要原因是，据说信息技术可以加强智力活动的效果。

对智力工作者来说，计算机与互联网的确在几个方面有直接的帮助。

◆ **信息技术解决了记忆和检索的问题。**记忆本身是人类的短板，解决了记忆和检索问题，很大程度上提高了个人创作的效率。笔者已经用计算机在业余时间写了5个学科的10多本书，每本都不是“Ctrl C＋Ctrl V”。如果没有计算机和互联网，这绝对是不可想象的。绝大多数写作的人都利用计算机和互联网提高了劳动效率，这是不争的事实。有人说，多是多，但质量下降了。司马迁一生写了52万字的《史记》，是他那个时代的极高产作家，其作品质量还相当高。网络小说作者每年产百万余字，但其作品基本上等同于垃圾。其实，这是一个市场选择问题，不是计算机和互联网降低了作品质量。

◆ **方便性和低门槛**。计算机使一些原本较为正式、有一定门槛的工作变成普通的工作。即便不写书，也不发表文章的人，利用计算机写作的数量也远超纸媒时期。即便是大一点的饭馆、小型零售商也使用计算机做一些记录和管理。

◆ **计算机技术已经成为一些行业的研发工具**。如基因分析、生物制药、化学工业、飞机制造等均可借助计算机进行分析、计算、仿真、模拟等。

◆ **加强了人们之间的联系**。对生产力或者智力工作而言，这一点现在还未释放出其应有的潜力。利用计算机的联系和沟通作用主要体现于生活和娱乐方面，还未被用于工作，因为智力劳动也是非常辛苦的、违反人类天性的活动，若无公司这样实体约束或者给予经济上的激励，很少有人因为兴趣，通过网络联系去“劳动”。笔者认为，将来利用信息技术形成的成员之间的联系会向创造生产力的方向进化。

当然，信息技术在帮助智力工作方面，也有显著的不足。

◆ **计算机主要帮助了个体智力工作者，对群体工作几乎没有帮助**。电子流、各种各样的协作以及办公软件，实际上都没有什么用途。如今一个大型公司“官员”数目比清朝整个国家的还多，没有一个公司因为计算机和网络的应用减少了会议，或是提高了沟通效率。

◆ **计算机无法处理逻辑推理问题**。计算机擅长记忆和计算，却无法推理。在网络上可以检索无数的资料，但怎样利用这些资料、检索哪些资料才可能达到最初设定的目的，在相当长的时间内计算机都无法解决这类问题。

◆ **信息技术也是"磨洋工"的利器**。早期计算机刚刚普及时，其中一个卖点是无纸化办公，实际上计算机加打印机比手工用的纸多很多。同样，所谓计算机提高办公效率在很多情况下也南辕北辙。如果没有计算机，"磨洋工"者更容易暴露身份，公司招聘的员工数量可能因此减少。无论多么严格的管理都难以全面、长久地对抗人性，这种人性就是坐在计算机前，人们更喜欢进行娱乐和游戏，喜欢浏览无关紧要的新闻、八卦，动脑筋、干工作绝对要靠自我驯化或者外力束缚。笔者认为，计算机提高的效率被利用计算机"磨洋工"给中和掉了。

作为一种通用目的技术，信息技术对智力劳动效果的促进多数并不是直接的，而是间接的。就像汽车技术发明之后，人们想到的是远足和旅行时的方便和快捷，却没有想到城市规模的扩大以及居住和工作地点的变迁，汽车改变了人们生活的许多方面；手机发明、普及后的若干年，人们都没有想到它真的会成为手边的一个信息工具。

没有信息技术，就不会有免费模式出现；没有信息技术的充分发育，知识传播的速度会很缓慢，就会有更多的人重复发明"轮子"；没有信息技术，很多公司将难以销售它的产品，因为没有这么多的货架空间，或者传播成本过于高昂；网络还改变了消费者和生产者的力量对比，消费者有比过去更多的产品知识和信息，学习和接受新产品的能力提升了若干，消费者选择方式的悄然变化本身就直接影响了商业的走向。

现在有的行业，信息技术已经成为核心竞争力。银行的营业网点很多已经被自动柜员机和网络支付取代。银行的信息技术优劣不仅直接影响到银行员工的工作效率，而且已经延伸到银行用户范畴。每个用户手里都有好几个银行的信用卡，那些先锋派的用户不只是刷卡消费这么简单，他们会通过网络进行很多操作，如果有一张卡的功能不如另外一张卡，这张卡就会被抛弃。在这些行业，如果你的劳动工具——信息系统不行，累死千军都很难拼得过别人。

然而，比之过往的通用目的技术，信息技术之于生产力其实无比虚无缥缈和不靠谱。

用于生产目的的信息技术的发展大大落后于用于消费目的的信息技术，就像汽车类目取得最先发展的是轿车而不是卡车一样。信息技术目前只能检索数据，并不能帮助做出分析，信息挖掘技术并没有到实用的地步。计算机辅助设计可以设计各种服装、各种各样的手机外形，到底哪款会流行还是要人来判断，计算机帮不上忙。

开源与免费

智力劳动效率提高最快的行业不是信息技术应用程度较广的银行或者电信运营商，也不是用计算机画图的建筑师或者汽车设计公司，而是信息技术行业本身。计算机相关行业无穷无尽的多样性和飞速发展容纳了巨量的智力工作者，他们发明了很多模式，积累了大量资源，提高自己的工作效率。

1969 年夏天，美国贝尔实验室的肯·汤普逊和丹尼斯·里奇在 DEC PDP－7 小型计算机上开发了一个分时操作系统。当时汤普逊为了能在闲置不用的 PDP－7 计算机上运行他非常喜欢的“星际旅行”（Space travel）游戏，在 1969 年夏天趁他夫人回家乡加利福尼亚度假期间，在一个月内开发出了UNIX操作系统的原型。当时他使用的BCPL语言，后被丹尼斯·里奇于1972年用移植性很强的C语言进行了改写，这使得UNIX系统在大专院校得到了推广。

由于它的代码是开放的，起初它被大学拿去研究、改造，后来各个计算机公司基于这套UNIX的代码和规范，纷纷推出自己的UNIX商用系统。

1969年，一名叫林纳斯·托瓦兹的男孩在芬兰赫尔辛基出生，20多年后，他无意中开创了一个时代。

毫无疑问，托瓦兹是一名货真价实的优秀程序员，他的突出成就是编制了一个新型、开源、免费的操作系统Linux。简单地讲，Linux是UNIX操作系统的一种克隆品，但Linux和各个厂商的UNIX都不同。Linux并非是为赚钱编写的操作系统，托瓦兹希望它是“最好的操作系统”。后来Linux改变了世界软件行业的行业模式，这一过程今天仍在如火如荼地进行。

Linux最初的版本诞生于1991年的10月5日，以后借助于Internet（互联网），并经过全世界各地计算机爱好者的共同努力，Linux及其变种安卓的开源免费模式已经成了软件行业的大趋势。

过去人们都说世界上没有免费的午餐，实际上这句话是错的。自古就有免费的午餐，人们在学习柏拉图或者孔子的哲学思想、欧几里得的几何学时，原创者可没有收过版税。这些知识长年免费，以至于人们已经忘记这事儿了。

按照经济学原理，当商品竞争趋于白热化，也就是充分竞争时，商品的出售价格总是无限接近于边际成本。软件的边际成本为零，它借助于网络传播的成本也是零，因此从商品属性上说，软件和人们的思想一样，具有免费的天然趋势。所以，即便没有开源的UNIX，没有托瓦兹，免费还是一个趋势，只是他们恰好成了那个实现“经济学原理”的拓荒者，开启了开源、免费的“时势”。相比开源与免费，微软通过类似垄断的方式获得出售权利，只是历史发展的一个阶段。

免费和开源的实现途径则主要有三种。第一，兴趣爱好者，像托瓦兹一样，无任何商业目的、无赚钱动机地智力工作，他们每时每刻都在生产高质量的免费智力产品。第二，公司通过免费取得规模，获取额外的附加利益。互联网公司基本上都采取这种模式，它们提供大量的免费服务、开源代码，通过广告或者增值服务收费。第三，收费智力产品的外溢效应以及专利过期，也会成为免费的知识。

即便实施最严格的知识产权保护制度，在商业中，最值钱的发明、创造通常依旧难以用专利方式保护的。苹果重新定义了智能手机之后，对专利严防死守，但是大家已经知道应该将手机做成什么样的、什么档次的，这才是重点，而这部分是无法保护的。药品缺乏多样性变种，而人的病也不像时尚一样多变，大量专利过期的药品仍有极大的价值。

开源是比免费更进一步的共享方式，这种模式主要体现在软件领域。开源的好处是既避免重复发明轮子，同时又兼顾创新的需要，实现创新的价值。以研制一款智能手机为例。一般来说，研制手机有三种途径。

第一，像苹果一样，从底层开始自己做操作系统。能这样做的公司数量有限，如果每家都这样做，社会总体效率会很低，因为很多人要重复发明轮子。

第二，像微软和英特尔构建的 PC 模式。由微软和英特尔两家包办了几乎所有的知识创造部分，PC 公司只是一个销售机构，需要的创造和研发量很少。从社会角度看，这种方式实现了很高的效率，命中了工业社会的本质。较早经历过 PC 和 UNIX 机器竞争时代的人都知道，PC 的价格只有 UNIX 机器的几分之一。这种高效模式其实已经让大众受益。

第三，像 Google 一样，提供源代码。手机集成商可以做一些开发，避免大规模重复发明轮子，同时保留了装修轮子的灵活性，以实现轮子的多样性。

在软件相关领域，开源提供了一种增加智力效率的工具，这就好比给每个原始人发了一把铁锹，工具的改进就会让劳动效率提高。

有人说免费的东西有是有，却都是二流货色，毕竟免费缺乏激励，人们通常只是随便搞搞，不可能搞出来精品。微软便一直坚持这样的观念。但这只是部分事实，免费是一种两极分化的东西，它可能是一堆缺乏质量的垃圾，也可能是质量极好的产品。收费产品可以通过价格差异寻求不同的市场空间，名气不如别人，只要把产品卖得便宜一点就有市场，免费产品则不存在这种可能性。二流的产品没有办法通过价格杠杆进入市场，只能通过质量取胜。从这个角度而言，为了应对激烈的竞争，免费产品的进化速度也更快。因此，免费是一个更激烈的胜者通吃的市场形式。

从实证来看，浏览器、杀毒软件、汉字输入法等都经历过从收费到免费的演化过程。免费之后，产品质量比原来提高得更快，每个厂商争先恐后，几近全力提高产品质量以期能进入这些市场。多年前，微软的浏览器通过捆绑方式打垮Netscape（网景通信公司）之后，缺乏改进产品的动力，产品升级缓慢，这给其他厂商提供了可乘之机，后者通过提供更好的、更有特色的产品逐渐渗透到这个市场，等到微软发现浏览器很重要时，半壁江山已失。

对于暂时没有盈利模式的免费产品，往往只有托瓦兹这样的真正爱好者去做，对他们而言爱好比钱更有吸引力。

免费与开源创造了许多新的商业模式。较大型公司竞相做“平台”，提供尽量好的开发工具、开放源码，吸引众多的小型开发者加入。小型开发者的产品有了在大平台上表演的机会，一旦非常吸引用户、用户需要一些增量的功能或者增值服务，这个产品就成了双方的吸金工具。

如果你是一个非IT行业的人，仅限于能简单使用计算机，你想通过电子商务的方式卖产品怎么办？在技术上，这不难做到，淘宝网等很多电子商务网站都竞相为你提供尽量简单的工具和免费资源，降低你建网店的难度。

笔者发现，越是充分应用上述效率工具的行业，劳动生产率提升得越快。最典型的就是 IT 行业。芯片、硬盘、带宽等不断地更新换代，并且不断地提升性能价格比。这其中智力劳动效率提高是一个很重要的原因，这些产品的售价中包含很多的智力劳动。反之，很少应用“效率工具”的行业，实质性的劳动效率几乎没有提高。教育系统就是这样的行业，这也是一个智力劳动含量很高的行业，但这个行业几乎没有使用任何消除重复劳动的工具和模式，它以班级为基本单位，老师台上讲课、学生在下面听课的模式一直没有改变。学校教育的效率和效果丝毫没有改善，就像 300 年前的小提琴四重奏需要 4 个人，现在仍然需要 4 个人一样。很多人误以为这样的行业就像理发一样难以提高效率，事实并非如此，现在无论是消费者还是生产者，依靠自学都获得了比以前多很多的知识。一种形态不变化，另外一种更活跃、更具有效率的形态会取而代之。

消费者通过学习，也在进步。十几年前，操作一个简单的手机还要反复看说明书，诺基亚手机的说明书比其他手机做得更简单一些就是优势、竞争力；现在操作一款复杂的手机不需要说明书。20 年前，学会操作电脑不是一件很容易的事，现在几岁的顽童都可以自己上网玩游戏、找攻略，很多小孩操作电脑的水平已经超过了他们的父母。学习手段的多样化、同伴之间的交流不知不觉已经深入到学习生活的方方面面。

电子商务

随便到大街上走走，人们都会看到到处陈列的极其丰富的商品，但即便是在比较火爆的销售场所，销售的效率也远未达到其理论的最大值。根据笔者观察，在很火爆的超级市场，货架上陈列的商品仍然乏人问津。销售效率是这个商品丰富社会生产力的瓶颈。工业革命提高了商品生产的效率，却没有提高商品交易的效率。

德鲁克在回忆早期通用汽车历史时写道，即便是通用汽车自己生产70%的汽车零件，而且它极强势，最后也只有15%的销售额落在它手里。

每件在实体店销售的商品都会分摊巨大的陈列成本。为了增加销量，厂商只好增加营业点，占领尽量多的货架空间，这又使销售利润进一步摊薄，效率变得更低。这样就形成了一个恶性循环。

在有网络之前的时代，公司要把产品卖到尽量广的范围，必须伴随着地面部队的扩张，在各地建立以销售为职责的办事处是必需的。

销量 = 货架空间 × 销售速度，提高销量只能通过占领更多的货架空间，或者提升销售速度。货架空间和销售速度在某种程度上是一个跷跷板的两端，以具有吸引力的价格销售产品本是最有效的提升销售速度的方式，但由于复杂的多产品竞争格局，谁也不敢后退一步，于是无效率的陈列竞赛得以维持。

这样的规则说不清起源于何时，至少在工业革命之后，商品变得极大丰富之后，这个规则从未失效。

就连非常易于存储、运输、摆放面积很小、单位体积价值很大的手机，销售的成本也高达最终售价的35%～40%，其他产品的陈列成本恐怕更高。

谁都看到了这样的事实，也都想改变这个现实，提高销售效率就意味着巨大的竞争力。

电子商务打破了这个古老的法则。信息流通最终可能会极大地提高商品的交易效率。

1995年，出现了第一个吃螃蟹的人。华尔街一家银行中不安分的职业经理贝索斯辞职了，和大多数成功者具备先知先觉的素质一样，贝索斯也准备在发展迅速的互联网领域大干一场。他说："将来当我年届八旬回首往事时，我不会因为今天离开华尔街而后悔；但我会因为没有抓住因特网迅猛发展的大好机遇而后悔。”

贝索斯虽然聪明无比，但他不是电脑圈子中的人，技术、产品研发不是他的强项，他想到的是利用互联网做生意。在选择商品种类上，贝索斯用了几个月的时间，就像爱迪生发明灯泡一样，排除各种商品，最后选定了图书。因为这种商品具有易于存储、运输的性质；同时顾客不需要现场挑选货物，是最不需要看实物的一种商品；也不像电子消费品那样经常降价；此外，它还不需要售后服务。

用30万美元的启动资金，在西雅图郊区的车库中，贝索斯创建了全美第一家网络零售公司——AMAZON（亚马逊公司），他用全世界最大的一条河流来命名自己的公司，是希望它能成为出版界中名副其实的“亚马逊”。据说，这是全球第一家电子商务网站，此后，各种类型的电子商务网站如雨后春笋一样生长出来，销售方式、产品种类也丰富起来。在电子商务较为发达的韩国、美国等，通过电子商务销售的产品占到社会零售商品总量的7%左右。

1999年，中国出现了阿里巴巴、8848、当当等电子商务网站，尝试各种模式、各种品类的电子商务。通过大量的尝试，原本认为不适合电子商务的领域也逐渐受到巨大侵蚀。服装和鞋子这样的商品通常要当面试穿，不适合网购，但现在服装已经成了销量最大的商品。解决试穿的方式是多种多样的，有的顾客去实体店试穿，然后到网络上购买价格更便宜的同型号产品，实体店成了网店的免费陈列店。有的通过与网店服务人员沟通解决型号等问题。网店通过非常详细的图像资料、文字资料等向用户展示更全面的商品信息。网络销售规模大了之后，网购者购买的产品也成为他的同事、邻居的样品，他们还会交流经验、心得。如果有人购买了一件满意的产品，购物者通常愿意展示其成绩，向熟人推荐他购买的商品，形成口碑效应。经历了几年的积累，电子商务已经达到了链式反应的临界点，这时不再需要外界注入能量，自身的传播效果就会导致这个行业越滚越大。

2010年，中国网络零售额约5000亿左右，占零售商品总额3%左右。中国最大的电子商务网站——淘宝网数据显示，2011年，经由淘宝网销售的货物达到800万件，占整个快递行业包裹总量的六成，直接就业人数达到246万人。2012年11月30日，淘宝网和淘宝商城（后改名天猫）的交易额本年度突破1万亿元，占社会零售总额的5%。可见网络销售巨大的优势。

经历一段时间的发展，电子商务已经具备了传统商业交易的多样性，有直销网站、百货商店、超市、跳蚤市场等各种方式的电子销售网站。在商品种类上，电子商务已经涉足除大宗商品交易以外的所有种类。在商业模式上，其灵活多样，已经超越了简单的B2B、B2C方式的划分。

除了亚马逊、淘宝网这种在网络上开商店的方式以外，厂家自产自销的网络直销业务很可能会蓬勃发展。就像小米一样，厂家不再需要将一大部分费用花费在渠道上，消费者也得到了利益让渡。

网上商店与实体店相比，最大的优势是低成本解决商品陈列问题。在淘宝商城上有7万个品牌的商品，传统商店和超市不可能陈列这么多的商品。在网站上，虽然这么多的商品也不容易陈列在一块小屏幕上，但网络提供的分类页面和站内搜索能让用户比较方便地找到所需的商品，比在实体店挑选更方便，信息也更全面。在淘宝网上搜索商品和在通用搜索引擎上搜索特定的网站、供应商具有差不多的功效。实际商品则陈列在某个角落，郊区的仓库、卖家的杂物间。对消费者而言，网络购物远比赴实体店购物方便；对商家而言，陈列成本远低于传统卖场。

电子商务让用户的选择成本更低，用户用大量闲暇时间在网络上逛，以搜索中意的商品。与传统的百货商店相比，在屏幕上比较商品更加方便，用户关于商品的知识增速也远超实体店时代。这样就造成一个后果，用户对品牌的忠诚度或者说迷信程度也日益降低。用户选择商品的效率和供应效率同时提高，从两个方向施加进化压力，厂家生产、淘汰的速度会比过去任何时候都快。

互联网刚刚兴起之时，很多人曾经预测 IT 技术和互联网对大公司不利，托夫勒在《第三次浪潮》中写道："城市和国家竞相夸耀最高的摩天大楼，最大的水坝，世界上最大的迷你高尔夫球场。……这六原则——标准化、专门化、同步化、集中化、极大化、集权化——被应用于资本主义和社会主义工业化国家，因为这些原则起源于消费者和生产者的分裂以及市场不断扩张的角色。这些原则彼此激荡，促成了官僚制度的崛起，产生了世界最大、最严格、最有力的官僚机构，使个人徘徊在卡夫卡式的大机构阴影下。"

真正进入信息时代后，小型化趋势的预言破产了，大公司不但没有消亡，反而越来越大。我还是固执地认为互联网终将给小型、高效率公司提供机会，大公司率先利用互联网只是历史发展的一个阶段。任何新技术、新工艺兴起之初，首先会被财大气粗的大公司采用，然后再慢慢地渗透到小公司。

然而，确切地说，电子商务方式其实是多人数的杀手。再过几年，大公司就会突然发现，原来的人数优势已经荡然无存，在传统营销四要素——广告、人员推销、公共关系和营业推广中，人员推销要素将首先消失，而人数正是冷兵器时代最关键的作战要素。人数的减少正是效率上升的作用影响。

因为网店具有效率优势，这是一个根本性的优势。顾客可以买到更便宜的商品，得到的商品信息更全面。同时商家的陈列成本更低，销售过程更易于管理。有了这些优势，市场会自发通过各种各样的方法解决销售障碍。我们不妨设想有一天，有些品类的商品基本上都用电子商务方式购买，这个行业的营销人员将大量失业，图书行业已经显示出这种迹象。

电商适合度

电子商务是提高交易效率的工具，它的主要优势是消灭商品的陈列成本以及让商品信息更加透明。如果一个商品卖得特别火，甚至顾客还排起了长队，实体店也照样是高效率的卖场。例如被垄断的火车票并不需要代理机构去销售，又例如像印钞机一样产生钞票的苹果公司实体店。市场调研公司 Asymco 表示，Apple Store（苹果零售店）的每位员工在每季创造了约 10 万美元的营收。2010 年全年，每位员工创造了 48.1 万美元营收。扣除第四季，2011 年每位员工平均为该公司产出约 32 万美元的营收。Asymco 的报告指出，每位客户来到苹果零售店平均可产生 45 美元营收。

这些年，电子商务已经涉及大到家用汽车，小到大闸蟹这种生鲜食品的所有领域。在淘宝网上，各种各样的商家把各种各样的商品拿到网络上销售，这其实是一种自然选择试错方式。实际上，商品的品类仍然是是否适合电商的最关键的问题。

我们粗略分析了一些品类网售适合程度。

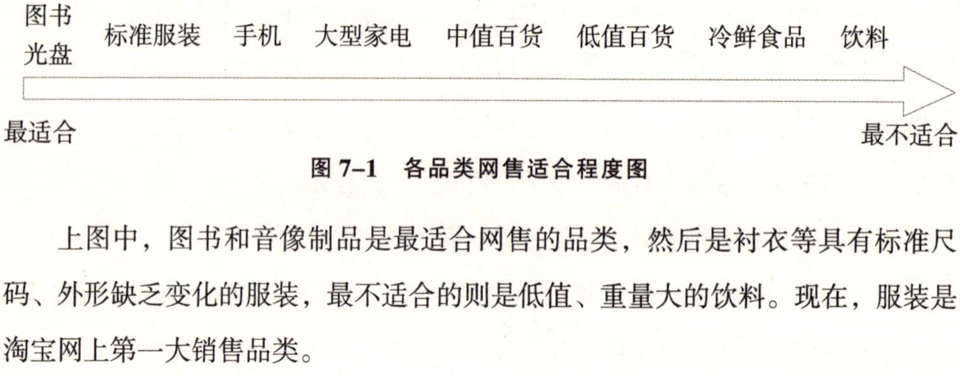

图 7–1　各品类网售适合程度图

上图中，图书和音像制品是最适合网售的品类，然后是衬衣等具有标准尺码、外形缺乏变化的服装，最不适合的则是低值、重量大的饮料。现在，服装是淘宝网上第一大销售品类。

电商实际上是和地面销售点的竞争，二者的优劣势比较是确定是否适合网售的关键。我们觉得，衡量是否适合网售的因素主要包括：

- **用户的可接受程度**。越不需要现场展示，用户越容易接受通过网络购买。
- **每单价值**。如果价值太小，配送成本过高，商家就很难赚钱。从这个

角度说，图书这种低价格商品并不是一个很好的网售商品，尤其在图书价格低廉的中国。每单的价值如果太大，比如奢侈品，用户往往需要去实体店看货购买才放心，所以，目前也不适合在网络上销售。

◆ **用户购买频率**。如果一个商品用户购买频率过低，通常不利于网络销售，因为它不容易被传播。例如，家具这个行业并不是一个小行业，但很少在电视上看到相关广告，因为家具购买频度过低，广告命中率太低，不容易传播。京东商城主要销售大型家用电器，每单价值并不低，但是，大家电的购买频度仍然很低。

◆ **对售后服务的需求**。对售后服务要求越高，网售越没有优势，因为地面店的售后服务更便捷。

◆ **运输、配送的方便程度**。最近有很多人在研究冷链运输生鲜食品，希望打开这个比较弱的网售品类。网购是配送系统和地面陈列体系的竞争，运输越容易，网售越有优势。

综合这些要素，没有一种商品比手机更适合网售。在小米销售第一款手机之前，雷军、陈年等成立了卖衬衣的凡客诚品垂直电商，其2008—2012年的销售额税后分别为1.18亿、2.98亿、12亿、18亿、32亿、65亿，凡客诚品的这个销售额是砸下近20亿的广告取得的。而小米同样在网络上销售自家产品，两年就做到了250亿。二者之间最重要的一个差别是销售商品品类不同。小米每单可以有2000元的收入，而凡客诚品每单平均价值只有103元，即使算上衬衣的更换频率快于手机的因素，网售衬衣也远远不及手机。

淘宝网店主会像贝索斯一样思考网络上适合卖什么吗？通常不会，在淘宝网上各种各样的尝试非常多，适者生存的进化法则实时筛选，最终昂贵的商品陈列成本和交易成本将找到更有效的交易方式。

向互联网学习先进的生产力

互联网公司的优势是什么？

◆ Google 比微软晚了近 10 年搞手机操作系统，却一下子就把微软干翻了；

◆ FaceBook 研制服务器和数据中心设备的只有 40 人，结果它的服务器比业界便宜 24%，功耗降低 38%；

◆ 阿里巴巴的支付宝不到 300 人，他们做的东西比银行数千人做的东西都好，用户都多；

◆ 移动的飞信搞了很多年，不可谓不重视，结果大家都有目共睹。

这样的案例很多，为什么和传统公司竞争，胜出的一方总是互联网公司？笔者也试图找出传统公司胜出的案例，只找到了苹果一家。它并没有彻底击败互联网公司，只是挣到了钱；另一方面，苹果追求极致、坚决用最好的人才开发最好的产品本身就是互联网的做法。苹果前些年科研经费投入很少，但用顶尖人才做出了具有统治力的产品，这是互联网思维，而不是传统公司靠巨量科研经费“水大泡倒墙”的模式。

互联网在竞争中确立的优势真实存在，只是他们的优势不甚明了，是一种隐性的存在，没有显性化。就像暗物质或者希格斯场，物理学通过一些现象证明，它们确实是存在的，但还没有被找到。这才是我们学习互联网公司最好的机会窗，等所有事情都明确了，竞争者已经学会了，就没有我们的机会了。

互联网公司到底牛在何处？互联网公司的人和我们是一样的，他们也是适应环境的动物，不同的环境造就了不同的思维方式和运营模式。总的来说，笔者看到的是以下几点。

第一，产品卓越。互联网行业比其他行业有更显著的"胜者通吃"效应，活下来的都是最卓越的，长此以往，互联网公司就养成了追求卓越的习惯。有很多传统公司是做一个小市场，慢慢成长。最典型的方法就是，水平不够的公司先做一个差点儿的产品，以低价销售，慢慢爬坡。互联网行业没有壁垒，这种方式根本就行不通，卓越的产品是唯一出路。互联网公司在和传统公司竞争胜出的根本原因，都是互联网公司提供了更好的产品。

第二，效率非常高。互联网的"先发优势"比任何行业都强大，因为互联网公司的业务大多数都是自进化模式，大家为了抢到先发优势，拼命创新，拼命地争分夺秒发布产品，所以，就养成了高效的习惯。人数少、效率高是他们能够免费并始终处于进攻地位的基础。传统公司是按照Scale-Up（纵向扩展）方式把公司做大的，而互联网公司是按着 Scale-Out（横向扩展）方式把公司做大的。传统公司成了一个金字塔，互联网公司还是保持一个个的小单位，尽量扁平。传统公司用一个大鱼缸装更多的鱼，互联网公司则是用更多的小鱼缸装更多的鱼。管理理念的革命已经悄然展开，只是还未到显性阶段。

第三，互联网公司尽量保证最牛的人做最牛的产品。互联网行业每天都处于白热化的竞争之中，他们已经领悟了这个道理。产品又要好，又要快，没有牛人能做到吗？而传统公司一旦做大，其管理理念则是消灭牛人，目的是为了获得保障。自动化生产线是这种哲学的代表。它们通过分工、流程、检验等环节，把对员工的要求降低到尽量低的水平，这样公司运作就更有保障。

第四，扁平的组织，平等的人。这样的组织结构和理念更容易发现最大的麦穗，更容易解放每个员工的潜力。传统组织大规模智力劳动的模式就是分工、规划和控制，他们用的组织结构就是金字塔，金字塔结构把人性中等级观念的特点放大了。笔者经常会遇到这样的问题，公司的领导对基层员工常说的一句话就是“你牛，那你怎么没当官啊”。他们即使没说出来，心里也可能是这样想的。而基层员工也拿这个问题拷问自己，结果就丧失了信心。传统公司选择人才的模式太缺乏多样性了，大公司无法创新实际上是金字塔结构无法创新。我们必须战胜这种组织弱点和人性弱点交织在一起形成的劣势。

反过来，再来看看电信设备供应行业是如何逐渐落后的。以前 B2C 领域集中的基本上都是低技术的行业，而高技术的行业都集中在 B2B 领域。原因是，个人消费品本来就比工业品简单，所以技术含量低。此外，个人提不出很全面、强大、复杂的需求，只有组织才有这个能力。

但是，B2B 模式供需双方都被一帮官僚控制，进化相当缓慢。而B2C 由于没有竞争壁垒，仅仅靠厂商竞争的因素，就把技术推到很高的水平。B2B 行业的生产、销售方式多年未变，而 B2C 已经进化很多轮了。过去 B2B 是火车头带动 B2C 行业，计算机首先是大型机构才能用，后来扩展到个人。以前程控交换机复杂，电话极其简单，现在 B2C 则成为龙头，云计算、大数据、无以计数的各种应用，哪一样不是从 B2C 行业兴起的？我们一定要清醒地认识到这个现实，知道谁先进、谁落后。

比如公共邮箱通常比企业邮箱的功能强大太多，公共的各种软件应用比企业内部同样的东西牛太多。如此，运营商所提供的公众服务，怎么可能有竞争力？

所以，总的来说，B2B 行业都由先进生产力的代表变成“前朝遗老”了，生产力向前发展不可抗拒。

如何学习互联网公司？

有人说互联网公司的牛人很多，也有人感受到了互联网公司的生命力和威胁，希望向互联网公司学习、借鉴。那么怎么做呢？

有人说，我们干脆也做互联网服务，变防守为进攻，或者说互联网公司搞开放的业务，拿 FCC（美国联邦通信委员会）来侵蚀我们，我们也去运作开放的业务。

但是，笔者认为此路不通。在自己的业务附近都做不过别人，反而去进攻别人擅长的领域，取胜的可能性是很渺茫的。互联网固然是一个朝气蓬勃的行业，但绝对不是遍地是黄金的行业，这个行业胜者通吃的现象比其他行业更显著。我们在这个行业尝试很多次了，但总是以失败告终。

我是踢足球的，你是打篮球的。有一天你也和我踢了一场足球，把我打败的可能性并不大。反过来，我想在篮球场灭掉你，希望也是渺茫的。我们可以扪心自问，我们立项论证的时间都比别人编码得以运行的时间要长，凭什么进入别人的行业？

打现代化的战争不能用落后的武器，掌握先进武器是和平时期的常策。

我们要做的首先是改造自身，洗心革面。只要领导还经常说“过去我带队时，某某产品还是一穷二白，后来……”，只要领导还在讲过去怎么成功的话，就意味着公司还没有意识到这个严峻的问题。老板讲过去的成功经验不一定是未来前进的可靠向导，停留在口号层面，起不了实际的作用。

与我们的传统竞争对手比，我们反应快、生态位低，是有一定优势的。这是我们步步取胜的原因。但是跟先进的生产力相比，我们的劣势明显。CT（通信技术）本来就落后于 IT，而 IT 落后于互联网。

如果我们能前进一步，把互联网的好东西拿来一些，在现有的基础上，我们就会变成一家非常强大的公司。我们把先进的生产力学来，利用自己在 B2B 行业的销售平台优势，就有望在中期取得重大进展。

要是我们看不到风险，羞于向别人学习，就会被先进的生产力取代。我们一定要战胜人性中的阿 Q 精神，夜郎自大就是死路一条。电子设备供应行业会真实地受到开放、廉价、异种竞争的侵蚀，上帝给我们这个行业的三重防弹衣也不会让我们永不受其害。

我们学互联网，并不是要急于行动，而是要先改造理念、组织和流程这些软性的东西。也就是先松土，后种植。吉姆·科林斯在《基业长青》这本书中说："CEO、经理人和创业家在构建伟大公司时，最重要的步骤之一不是行动，而是改变观念。转变思想的重要性不亚于牛顿革命、达尔文革命和美国立国思想。"这个观点非常适合我们的情况，是学习先进的生产力改变自己，还是墨守成规等着被淘汰，选择权在我们手上，这是我们最重要的机遇。

我们先学理念，再做组织管理调整，改变流程，找牛人，做卓越的产品。我们需要案例，哪怕是较小的案例来证实我们的改变，探索一条向先进生产力学习的途径。

08

远景

伴随着工业革命而来的就是生产过剩，工人过剩。工业巨大的复制能力瞬间满足了一切需求，迅速提高的生产效率又挤压了大量劳动者的岗位，在这种情况下，经济只能以波动的方式发展，在危机和复兴中循环。这是政治经济学课本上描述的场景和逻辑。马克思说的好像有一定的道理，但后来的事实证明他只料中了一小部分，生产过剩和经济危机并不像预期的一样频繁。

马克思之后的很多经济学家开始重点研究供给和需求问题。此时，人们又想起了法国经济学家萨伊早年那句著名的话——供给创造自身的需求。意思是，生产不会全面过剩，生产效率的提高又会使人们过高地消费，一个人买一辆代步的汽车不是终点，要是有钱，他就会买很多辆。欲望无止境，它是经济发展的动力，所以经济不会停止发展，这是现在的主流观念。

人们举出的例子有很多。缝纫机只是让缝纫女工暂时失业，很快人们就会因为服装成本的下降需要更多的服装，最后会增加对缝纫女工的需求。同理，计算机如果能提高智力劳动的效率，非但不会让智力工作者失业，反而会增加对智力劳动者的需求。

笔者一直不相信这种带有悖论性质的逻辑，劳动效率的提高最终一定会让更多的人失业，一定会为人们创造更多的闲暇时间才是正理。

工业的历史可以看成是一个多样化发展的历史，工业的发展总是会创造更多品种，甚至想都没有想过的产品。现在每个人有几台电脑是很普遍的，早期 IBM 认为世界可能只需要 5 台电脑。清华大学装电话的时候，校长蒋南翔核算了一下，觉得清华最多需要 8 部电话。所以，管理大师德鲁克总结出企业的唯一使命就是“创造市场”这一高论。

如果现在只统计 19 世纪初、19 世纪中期、20 世纪初期的行业，我们一定会发现，这些行业的从业者数量已经大大下降，这些行业只占现在经济的一小部分。经济发展实际上是不断产生新行业的过程，想要预测未来会产生哪些新的行业是困难的。

如果多样化有一天停下脚步会怎样？“以一当百”时代一定会到来，长期的经济前景是工作和谋生之间不再紧密相关，生产率的巨大发展将伴随着很多摩擦和调整。

工作的终结

1930 年，正值美国经济陷入了大萧条，凯恩斯写了一篇《我们后代在经济上可能的前景》的长文。他说经济萧条只是暂时现象，长期地看，百年后的最大问题乃是富足造成的失业和无聊。

凯恩斯写下这段文字的年代，还没有现在的大多数娱乐设施，而正是这些娱乐设施消磨了人们的闲暇时间：电视机刚刚发明，还没有普及（估计凯恩斯可能都没有见过电视，绝不可能想到现在人们每天会在电视机前坐上 5 个小时）；还

凯恩斯《我们后代在经济上可能的前景》

近十年来，在工业和运输方面的技术改进，其速度也是前所未有的。美国1925年的人均工业产值比1919年提高了40%。在欧洲我们被暂时的障碍所阻滞，但即使如此，仍然可以肯定地说，技术效率的增长率总体上每年至少在1%以上。现在显而易见的是，尽管革命性的技术革新迄今主要是发生在工业领域，但很快将冲击到农业方面。粮食生产效率的进步，将与矿业、工业和运输业所取得的进步同样巨大，而我们也许正处在这种巨变的前夜。在好些年以后——即在我们自己这一代——也许可以只付出原来一向使用的人力的四分之一，就能够完成在农业、矿业和工业上的操作了。

目前，这些变革的高速度正使我们苦恼不已，它们带来了不少有待解决的难题。那些不是处于进步队伍前列的国家，也遭受着同样的痛苦。一种新的疾病正在折磨着我们，某些读者也许还没有听说过它的名称，不过在今后几年内将听得不想再听——这种病叫作"由技术进步而引致的失业"。这意味着失业是由于我们发现节约劳动力使用的方法的速度远远超过了我们为劳动力开辟新用途的速度而造成的。

没有计算机，信息产业容纳了如此之多的智力工作者也是不可能想到的。这两大因素极大程度上消除了凯恩斯的顾虑，但笔者依旧赞同凯恩斯的观点，技术进步引起的失业在未来若干年会成为突出问题。

工业革命之初，罢工的浪潮就风起云涌。"反生产力进步运动"主要是由两个相反的原因导致的。其一，工人劳动时间过长。工业早期，工人工作时间最长每天达14个小时，马克思的《资本论》就是这种背景下写出来的。农民受季节和黑夜因素制约，劳动时间不可能太长。其二，工人担心机器取代劳动力会造成失业，从较短的时间看，每当机器进场，企业总要解雇工人。

现在距马克思1867年发表《资本论》快150年了，机器确实在一定程度上取代了体力劳动者。以美国的务农人口为例，美国务农人口在1870年占全国总人口的52%，1910年这一比例下降到32%，现已下降到了2.8%。在缝纫机发明之前，一名针线女工制作一件衬衣要14小时26分钟，使用缝纫机后，时间缩减为1小时16分钟。

1995年沃顿商学院教授杰里米·里夫金写了一本名为《工作的终结》的书，这本行文流畅、文法酷似《第三次浪潮》、引述丰富，但缺乏思想和逻辑的书，声称机器对人力的替代以及生产效率的不断提高，最终将导致大面积的失业。

然而，经济具有神奇的自愈性：体力劳动确实被机器取代了，其他未曾预计的工种却增加了许多；生产效率提高了，成本下降，消费又会剧增，这样一来，需要工人的数量也不会减少；物质紧缺时人们会节俭，物质丰裕时，人们会挥霍；种粮食的人少了，加工食品和贩卖粮食衍生品的人多了；空余时间增加了，市场上就会发明占用空余时间的商品；财富增加到富余的程度，老龄化又会消耗掉年轻时的积累；汽车的速度远快于马车，城市规模的膨胀和堵车也不会让人们比在马车时代时好过，等等。

由于广泛注意到经济的这种自愈性，人们已经放弃了马克思或者凯恩斯时代的思维方式，转而认为对世界很多问题的担心都是多余和缺乏远见的。对失业的担忧也一样，主流观点认为，一个工种消失后，必然会出现一个新的工种。虽然这种理论诞生的时间比《资本论》还早，詹姆斯·穆勒和萨伊就论证了商品不可能大面积过剩，工人也不可能大面积失业。但是这种理论产生广泛影响力则是现代的事，后来的新发明、新创造以及不断膨胀的消费证明了萨伊的正确性。

服务业被认为是最能提供就业机会的行业，前文已经叙述因为大多数服务业的效率难以提高，人们富足之后，需要增加许多服务工种，所以服务业才是一个巨大的就业池。历史也证明了这一点。1870年，美国人口约7000万，从事服务业——教师、律师、护士和医生、保姆、官员、警察、秘书和推销员等总数300万人，占人口总数不到5%。1990年，美国人口总数不到3亿，从事服务业的人口高达9000万，占人口总量的1/3。

服务业是一个内涵很丰富的词汇，主要是指不生产有形物品的行业。很多对劳动力需求量大的服务业也受到了新技术的替代：自动取款机抢夺了银行大量的工作岗位，电信营业厅正在逐步被互联网上的自助服务代替，通过网络自学正在弱化教师的作用，将来家用机器人说不定也会部分代替保姆，甚至机器人正在代替专业化程度极高的外科医生。

另外，我们必须看到服务业具有附属物的天然本性，中国许多内陆城市绝大多数的实物制造领域在竞争中败下阵来，本地生产的服装、袋装食品、生活日用品等全被外地商品取代，大量的劳动力只好涌入服务业，开饭馆、摆地摊、做零售等。因为没有实体竞争的支撑、缺少顾客，大量的服务业变成了纯粹的无效劳动。这些被边缘化的城市只能靠国家接济的财政补贴度日，不用说，这些缺乏竞争力的城市日益凋零，缺乏生机。

缩短劳动时间，看来是必须的。工业革命初期是没有休息日的，早期，周工作时间长达 80 个小时；19 世纪，工人每周工作的时间减为 60 个小时；20 世纪，随着生产效率的提高，每周工作减为 40 个小时，工人还有很多假期。但是，这样的劳动时间仍然太多，尤其是大批失业潮来临之后。凯恩斯看到了这种远景，他建议若干年后将工作改为每周 15 个小时。数学家、哲学家罗素则说：“不应当有些人一天工作 8 小时，而有些人没有一点工作，应该给大家一天工作 4 小时。”

缩短劳动时间是很困难的，在全球化的背景下，这是很难退却的军备竞赛。比如，法国的公司为了扩大就业，将每周工作时间缩减为 30 小时，中国公司每周却要工作 50 小时。香榭丽舍大街周六、周日商店不开门，温州商人的商店却偷偷开门。世界上总有大批对财富渴望程度相当高的人参与竞争，单方面退却有时意味着全盘皆负。人们愿意降低劳动时间，却不愿意降低收入，各国都一样，资本家做到这一点是很困难的。市面上绝大多数公司都是每天工作 8 小时，假定有一家公司只需要工作 6 小时，薪水也拿四分之三，这也是很难招到人的，除非待遇相等。《工作的终结》这本书说，调研表明很多人愿意上班时间缩短，报酬相应减少。笔者认为至少中国不是这样。换个角度看，就算在发达国家有不少人愿意拿较少的报酬换取较短的劳动时间，你要是老板，你愿意雇这样的员工吗？人非机器，主观意愿需要更少的劳动，雇主就会判断他比较厌恶劳动，社会上很多工种并不适合斤斤计较的计时方式。由于竞争的原因相互掣肘，整个社会劳动时间的减少是一个相对漫长的过程。

生产率在提高，全球劳动时间又不可能协商好同步减少，大面积的失业很难避免。中国改革开放 30 年，从事农业劳动的人口减少了一半以上。这一趋势显然不会终止，发达国家的经验表明，最后居住在农村的人口会在 20%左右的比例上稳定下来，农民劳动力最终仅需要人口的 5%以内。农民进城当了工人，工人抢夺了发达国家制造业的工作岗位，发达国家的就业者转到服务业和智力产业。看来这是一个完美的循环，但谁能回答智力产业工作机会的转移以及智力产业本身工作岗位的减少，服务业被自动机器替代，这应该怎么办？

《纽约时报》专栏作家托马斯·弗里德曼因《世界是平的》这本漏洞百出的畅销书轰动一时，不过这本书确实揭示了一个明显的事实，就是全球范围内的工作大挪移。但是他只说到了发达国家的就业者转移到了服务业和智力行业便戛然而止。站在美国人的角度上看，他没有给出答案，美国人会问，你说的是对的，那我们应该怎么办？弗里德曼又匆忙地推出了带有“解决方案”的第二版，他的解决方案和奥巴马在《无畏的希望》中提出的解决方案如出一辙，就是美国应该加强教育，美国人应该占领高端智力工作岗位。稍有逻辑思维的人就会立即提出一个疑问，美国可以加强教育，“中国人和印度人的竞争是把美国人向上赶，而不是向下赶。美国人应该做更高价值的业务”，那么，中国为什么就不可以加强教育？印度为什么就不行？中国和印度也会从“流汗经济向灵感经济”转化。很显然，弗里德曼的解决方案连权宜之计都算不上，这个药方只是一剂没有药物成分的安慰剂。明显的事实是，中国已经从制造环节蔓延到设计环节——从 IT 业到医疗设备，从高速铁路到新能源，中国设计已经具备相当的竞争力，并且各行各业都有大批公司跃跃欲试，汹涌袭来。既然世界是平的是一个确定的趋势甚至事实，原则上就不会有可以树立壁垒的行业和工种，这就像欧几里得几何学一样严密。你提出世界是平的，之后为了讨好美国读者，又试图给出树立壁垒的解决方案，二者是自相矛盾的。

“太多的钱和太丰厚的物质是没用的。”这样的观念只存在于书中，而不是现实世界中。欧洲为了应对由于政府公共开支太大、寅吃卯粮造成的危机，准备削减福利，节约开支，结果引起了一波接一波的游行示威。世界上还有个人收入低很多的人口大国——中国和印度——的追赶，更低的生态位决定了它们总会投入更多的劳动时间。只有世界真正变得平坦之时，竞争压力才会减轻，减少劳动时间换取更多人就业才比较现实。

美国前劳工部主席威廉·格林说：“空闲时光即将到来，唯一的选择就是失业或者休闲。”我们不妨“过度”解读一下这句话：失业或者休闲可是两码事，失业是没有办法的，工作仍然是获取报酬支撑生活的主要方式，而休闲则是主动减少工作时间，使每个人都有工作。社会的目标显然是后者，一位市长、一国总统当然希望充分就业。但个人目标则是拼命挣大钱，大部分人都愿意用大量的劳动时间换取大把钞票。在实现社会目标之前，个人目标往往是第一动力，未来相当长的时间内，失业和财富的集中化趋势很难改变。接下来会进入一个智力工作者大量失业的时代，在变平之前，世界会尖锐地分化。

尖锐的分化

有人“以一当百”，有人流落街头，必然加剧社会的两极分化。

农业社会中，生产的基本资料是土地，占有土地多的人成了大地主，没有土地的人成了雇农。在数千年的历史中，农业社会一直保持者适度的分化。一个大地主很难拥有范围过多的土地，雇农也不太可能失业——当时生产力低下，生产工具落后，世界各地都有大量的荒蛮之地可以开垦。大地主富不到哪里去，雇农只要参加劳动，也有口饭吃。虽然，现在发达国家的失业者可能比过去的大地主还富有，但是，从相对性上看，农业社会的贫富分化程度并不高。

工业社会，大规模快速复制使得贫富分化加剧，每次新的重大技术出现都会导致一段时间的失业潮。缝纫机替代手工缝制，社会并不是立刻就扩大了对缝纫服务的需求，缝纫女工失业不可避免。农业机械取代了农民，而农民并不会立刻就成为工人。如果土地属于自己，这没关系，以机器替代手工只是使农民更轻松、获得了更多的闲暇时间而已。但如果土地属于别人，那就麻烦了，农民就会因机器的出现彻底失业。工业革命遇到的就是这样的问题，掌握生产资料的资本家财富大量增长，没有生产资料的工人流离失所。失去工作的工人还比不上农业社会的农民，他们连基本的生活资料都无法获得，流浪街头，资本家则比地主富很多。经过大约两个世纪的磨合，生产力在提高，社会制度也相应进化。国家越富裕，政府税收比例就越高，政府收税之后，再通过公共设施建设、发放失业救济金等多种方式进行二次分配，这样，即便是失业，情况也不会很糟，失业者可以和富翁吃同样的食品，还可以进行旅游、养宠物等较为奢侈的消费。

“信息社会”这个含糊不清的词目前已被广泛接受，但笔者阅读了大量的图书、资料，在号称是信息产业前沿的行业工作多年，还是搞不清信息社会到底是什么意思。提到农业社会，会想到种地、生产粮食；提到工业社会则会联想到机器、生产线和各种工业品；提到信息社会，你会想到什么？计算机？手机？还是各种应用软件？所有的这些感觉都不够扎实，没有一种或者几种物件、生产方式可以代表信息社会。所以，笔者干脆“形而下”，用智力劳动和体力劳动进行分野。

在智力劳动成为一种主要劳动形式的社会，贫富分化会更加严重，科学家模式取代工程师模式、正在发明和进化的“以一当百”工作方式、产业的集群效应等都是加剧分化的因素。

社会分工和放大器的存在也会形成浪涌式的分化效果。假定制造业现在不是外包的，而是像 20 世纪前叶一样，苹果公司绝无可能瞬间就挣那么多钱，自建生产线绝对是一个慎重的买卖，巨大的成本和风险让公司只能摸着石头过河。现在，公司的产品一旦畅销，可以瞬间扩大生产，而不再承担将生产设备变成沉没成本的风险。同理，其他行业和公司智力工作者的劳动成果也可以瞬间转换成巨额财富。

不仅如此，分化还将全方位展开，人与人之间、地区之间、国家之间都将拉开显著的差距。

人的分化

长期地看，人的分化才是最难以想象的趋势。

2009 年，英国伦敦经济学院达尔文研究中心的研究员奥里佛·卡里，应英国布拉沃（Braro）电视台邀请，对人类未来的进化进行了大胆预言，并拍摄了一部纪录片《布拉沃进化报告》。卡里预言，在 10 万年之后，由于社会贫富阶层两极分化，人类将彻底进化成两个截然不同的亚种——英俊而聪明的“高雅人”和丑陋而愚笨的“野蛮人”。“高雅人”处于社会的顶层，由少数拥有特权、受过高等教育而且健康的富人进化而来。他们外貌又高又瘦、体型匀称，聪明且富有创造力，可维持120岁的平均寿命。而“野蛮人”处于社会的底层，他们不仅身材矮小肥胖、智力低下，寿命也大大缩短。两个种族之间水火不容，甚至会爆发大战。

笔者认为，“10万年”只是一种外交辞令式的模糊处理，人口流动的效果在21世纪就会产生显著的影响，这便是新全球化运动人类最重要、最不能把握的后果。

笔者一直担心移民和遗传导致的人本身的分化。信息流动会加速同类人的聚集和婚配，学校的档次、公司雇用员工、网络社交等都会让更多同类人聚集在一起，他们之间的婚配会改变传统基因配对的概率，用不了很多代的时间就会形成明显的分化。

最近，最现实、让人感受最深的当然是贫富分化，在《无畏的希望》中，奥巴马列举了这样的数据：美国2005年的中值收入经调整后只比1973年高12%，劳动生产率增长的成果几乎被富人独吞。1980年，美国企业CEO的平均薪酬是平均工资的42倍，2005年上升到262倍。

分化是全方位的，任由自由市场发展，不同行业、不同公司之间也会出现巨大的差别。如果说居高位者和普通员工收入差别来源于制度，不同行业之间的差异主要是以金钱衡量不同行业效率的差异造成的，那么100个人编制一款大型游戏，恰好它又畅销，这100个人就可以赚全国数千万深度游戏迷的钱。

前文已经论述，智力产品原本只会按照它的边际成本——零元——销售，历史上的思想家大部分是落魄一族，没有人能把高明的思想卖到上好的价钱，但是，如果你能把思想嫁接到一个有形的产品上，充分发挥工业的复制能力，某些“思想产品”又成为最挣钱的东西。智力产品的不值钱结合工业的复制能力形成的魔力是造成个人分化的根本动力。

地区分化

山寨手机在深圳并没有受到政策保护，过分分散的行业让政府很难获取税收，每逢上级考察、大型运动会，政府还要打压山寨机，让销售者东躲西藏。但这样一个产业，却令很多外地城市羡慕不已，它们愿意提供最佳的政策、最佳的场地以及一切方便条件牵引部分深圳手机入驻，很多城市甚至做出了实质性的努力，却无一成功。一方赶都赶不走，另一方怎么也吸引不来，产业集群效应让众多的小公司变成了一个相互联系的整体，这种群体优势非常强大，很难破解。

大多数轻工业都有很强的集群效应，中小型城市若有一两个产业群，整个城市都将围绕着这个特定的产业生存。但不是每个城市都能形成自己的产业集群，有产业的城市和无产业的城市便形成了分化。

没有产业群的城市没有任何竞争优势。30 年前，中国城市产业的布局都带有明显的计划经济时代的色彩，每个城市都会有一些轻工业工厂，如酒厂、鞋厂、服装厂等。现在这些分布在各个城市的工厂被一个个的集群击垮，这些城市发展工业几乎没有什么出路。三亚在中国具有独特的旅游资源，可以被利用为旅游城市，而实际上并不是这么回事。三亚只在冬季短暂的时间有优势，大部分时间因为炎热缺乏吸引力，不动产的投资每年只有几天大赚，其余时间空闲。这个城市因为缺乏一个有竞争力的实业集群，城市发展缓慢、焦急，只能寄希望于春节几天大赚几笔，通过宰客构成了恶性循环。而大多数二三线城市根本就没有三亚这样的旅游资源，常年萧瑟，没有活力。

一些不依赖集群效应的大型企业，基本上都属于核心城市。像富士康首选深圳投资建厂，华为、中兴在全国布点也会选择大型城市，无产业、无规模的中小城市毫无机会。

中国发展时期的产业结构和环境与早期欧洲发迹时期有重大差别，这是一个更讲究规模、讲究集群化的时期，产业更加集中在少数地区，城市规模更大，区域分化更显著。

国家分化

在全球化的背景下，各国制度也逐渐趋同，不同的国家就像一国之中不同的城市、不同的区域一样。然而一个国家可以通过政府的转移支付平衡地区之间的发展，但国家之间却很难形成这样的机制，一旦某国掉队，很难有解决方案。笔者认为这就是欧债危机的根本原因。如果希腊和德国是一个国家，富帮贫很容易渡过难关，可是它们是两个国家，分化便无法解决。欧洲一体化加快了马太效应的步伐，各种工业都被吸引到更具有竞争力的地方，边缘国家同样的工业流失，没有任何有竞争力的产业，绝对失业便不可避免。

宏观经济发展有其特有的节奏，尽管它的步调不尽为人知。中国如果没有赶上世界产业分工的重新调整时期，就不会成为制造大国。一个产业在形成强大的集群之后，再想转移就非常困难。水往低处流只是一个粗线条的逻辑，即便温州房价比西北某个边陲小镇的高，工人工资也高，但制鞋业依旧很难转移到后者那里。

没有人知道历史将会给后发展者提供什么样的机遇，在这样的前提下，笔者只看到了分化。

与此同时，医疗技术的进步基本解决了所有国家出生婴儿的安全问题，而一些贫穷国家还远未发展到主动减少生育的水平。任何一个从落后走到发达国家的历史都证实，较为贫穷的情况下，人们喜欢多生育，等到经济发展到一定程度，人们才会少生育。这样一来，就形成“多人口—贫穷”和“少人口—富裕”这样一种尖锐的对立。

漫画家朱德庸曾发过这样的一条微博：“现在的人都讲求效率，但所谓的效率应该是让我们因效率而省下更多自己的时间去做自己想要做的事，过自己想过的生活，而非因为有效率而产生更多的公事、创造更大的业绩。人如果无法按自己的节奏、自己的方式去过每一天，那么这种效率就是一种违反人性本质的阴谋，而要付出的代价就是我们的人生。”效率带来的不一定都是好事，会有诸多弊端，会让从业者不幸福，让失业者更痛苦。人性不是为高效忙碌设计的，高效忙碌只因为工作是生活的基础。经济法则是独立于个人主张和感受运行的，效率法则具有不可战胜的持久性动力，永远向前发展。

濒临下岗的工程师

1947 年 12 月，美国贝尔实验室的肖克利、巴丁和布拉顿组成的研究小组，研制出一种点接触型的锗晶体管。晶体管的问世，是 20 世纪的一项重大发明，是微电子革命的先声。晶体管出现后，人们就能用一个小巧的、消耗功率低的电子器件，来代替体积大、功率消耗大的电子管了。

电子行业从此发端，虽然收音机、电视机、计算机的发明都早于晶体管，但晶体管才是电子行业真正的核心动力。井深大和盛田昭夫用晶体管做成了新型的、小巧的收音机、收录机、随身听等，开启了日本消费电子时代。集成电路的发明，开启了计算机时代。

整个科技发展史上不乏重大的发明创造，有的难度非常大，有的影响非常广泛，却很少有什么发明像晶体管一样，有无穷无尽的衍生品，需要多多益善的工程师。

我们不妨对比一下历史上其他重大发明。1879 年，爱迪生经过千百次实验，找到了灯泡最好的制造材料。即便是在当时情境之下，灯泡的发明也不是很难，技术含量也不是很高，但它却是一项非常重要的发明，因为灯泡实实在在地照亮了整个世界。此后的一个多世纪，灯泡也没有什么变化。加州利弗莫尔市市政消防大厅于1901年安装的一只照明灯泡已经持续亮了110多年，成为世界上最长寿的灯泡。

1870年英国物理学家约翰·丁达尔（John Tyndall）发现光线在介质中的全内反射特性（如果光线从空气射入水中，入射角大于48度，光线在回程中就不会再反射回空气），到1970年康宁公司生产出可商用的光纤，这中间整整经历了一个世纪。这也是对现代通信业影响巨大的发现，这项发明不断被改进，但需要的工程师数量也不多。

汽车也许是和晶体管相似的一项发明，百年之后，汽车仍然不断地更新换代，仍然具有无穷的多样性，可以容纳大量的智力工作者。

我们将灯泡这种只需要少量工程师的行业称为“科学家行业”，将和晶体管类似的需要大量工程师的行业称为“工程师行业”。

在可预见的未来的技术制高点，很难想象会出现一个新的“工程师行业”。生物制药、基因工程、新能源等，无一不是“科学家行业”。这些行业一旦被科学家发明，重大的工艺得以突破，接下来就只是制造问题。难以想象这些行业会衍生出多样性的相关产业。

越是不需要巨量的工程师，维持高成本竞争越困难。水往低处流，在全球化的时代，很难有永久的技术壁垒，最低成本的地区总是通过模仿获取技术，然后降低成本，最后，总能让高成本地区退出这些行业。

虽然高成本地区通过“创新”寻找新的高利润区，以维持公司的发展，支付员工的薪酬。但在笔者看来，这只是发达国家的权宜之计，不具备可持续性。

太阳能行业的发展部分证实了上述看法。早在爱因斯坦发现光电效应之前的1883年，查尔斯·弗里茨（Charles Fritts）就发明了第一块可以发电的太阳能金属结。到了 20 世纪 50 年代，随着半导体物理性质被逐渐了解，以及加工技术的进步，太阳能技术在沉寂了半个世纪后，逐步走向实用化。1954 年，当美国的贝尔实验室在用半导体做实验时发现在硅中掺入一定量的杂质后对光更加敏感这一事实后，第一个太阳能电池便于 1954 年在贝尔实验室诞生。

同样是硅基质，同样是贝尔实验室发明，发明的时间也类似，太阳能和晶体管产业走的路径却非常不同，用本书的术语说就是，一个是“科学家模式”，一个是“工程师模式”。工程师模式的信息产业已经让这个产业的开创者美国领先了若干年，即便是各个国家拼命仿效，短时间内也无法撼动美国的地位。而太阳能电池规模商用之后不久，以更猛烈、更非理性方式进入的中国公司就取得了优势，尽管牺牲巨大。2011 年，中国已占据全球太阳能市场 54%的份额，如果回头看，会惊奇地发现，在 2005 年中国的份额只有 6%。相对而言，美国在这一领域的市场份额则从 1997 年的 42%下降到今天的 6%。

太阳能被认为是代表未来的一个产业，很多国家至少表面上都比较重视新能源的开发。但是，大多数人没有搞明白，这个行业是一个典型的“科学家行业”。与电子消费品相比，太阳能电池板几乎没有什么多样性的需求。一旦科学家找到了更好的材料、更好的工艺，剩下的事就是生产，过多的智力工作者几乎没有必要投入这个行业。缺乏多样性的产品，同样也很难有品牌溢价，因为产品的品质非常容易用几个简单的指标衡量。在这样的行业，赚取高端的“设计利润”或者“品牌利润”，将制造转移到成本低廉的国家加工几无可能。这个道理很容易想明白，假定手机纯粹是一个功能用品，没有个人偏好，市面上不可能有这么多种手机，这个行业也不可能容纳这么多工程师。

整个 20 世纪可以看作是工程师的世纪，先汽车、后电子，同时伴随着人口增长和设施建设，各行各业都需要大量的工程设计人员。1973 年，发达国家使用钢铁量达到顶峰，此后逐年下降，建筑工程师的时代逝去了。家用电器也曾经经历过一个设计为王的工程师繁荣时期，直到这个行业成熟、技术上没有办法大幅度改进，这个行业进入了较为纯粹的价格战时代，工程师的好日子也结束了。

“科学家行业”的崛起，“工程师行业”的衰落很可能成为21世纪的主旋律。人们尚未认识到很多行业靠堆放大批工程师攻城拔寨是无效的。没有人意识到工程师时代和科学家时代有什么不同，因为科学距离我们太远，工程离我们很近，一个人可以轻而易举认识100个工程师，但一辈子也不一定见过一个科学家。

历史上有过几次科学家时代，但基本上都与经济无关。20世纪上半叶量子物理大发现，以及后来的蛋白质大发现都在一个科学的时代诞生，但它们没有涉及多少经济利益。过去的模式是：科学就像思想一样，它可能十分有用，却卖不上价钱；思想若找不到一个合适的附着物就赚不到钱，找不到附着物的科学同样也赚不到钱。

即使短时间内，科学被一个经济体锁定，也很难长期地获得巨大的持续利益，这是市场经济天然的、难以弥补的漏洞，爱因斯坦比乔布斯更慷慨则不是主要原因。从经济利益上说，从不进行科研的模式似乎是更有经济效率的方式。没有人因为朗讯公司出过11位诺贝尔奖获得者便愿意出更高的价钱购买他们的设备，中国公司不会，美国公司也不会。同样，摩托罗拉尽管开创了移动通信等多个产业，干掉它的可能是基本上无重大原创的公司。

科学家模式产业只需要极高端的智力资源，中间层次的智力工作将没有市场。就像工业革命之前，科技发展非常缓慢，绝大部分人都投入到农业生产中，少量的智力工作岗位就是“朝廷命官”。

科学距离经济较远，但随着时间的推移，人们会发现他们的科研成果很容易被模仿者“剥夺”，公司就越来越不愿意在这些领域进行投资，非营利组织、政府和大学等开始在科学家模式中占有越来越大的比重。非营利组织的介入又会加快成果扩散，提高智力劳动成果的利用率。赚钱不是他们的目的，因此也没有必要将新发明、新创造封闭、藏匿起来，就像比尔及梅琳达·盖茨基金会关注一些新型药物的研发一样，最低成本、最大限度的扩散才是他们的目标。

满街的工程师在大街上游荡，市场供应量却不会减少——各国都在增加教育投入，每个家庭都鼓励孩子拿更高的学历——但新科技容纳不了这么多的智力工作者，就业形势于是越发困难。

一些家用电器时代的大公司，出于扩张或者防守的需要，都纷纷制订了进入新能源领域的计划。但他们都没有看到一个显著的事实——从工程师行业跨越到科学家行业的障碍几乎是难以逾越的，除了有钱之外，智力资源密集型公司的优势根本无法延伸到新的行业。但是，世界总是有两面性，由于竞争激烈，智力工作岗位的挑选余地更大，每个岗位配备的智力工作者更合格。提高效率要靠方法，也要靠人，尤其是智力工作中，还没有人能够发明像流水线一样的工具，可以让每个平庸的人承担天才的工作。

从历史上看，较早的时候，需要的智力工作者数量很少，农业社会时期只有少量的官员和教师，智力工作者的供应量也很少。在ICT诞生之前，机械工业、建筑、化工等行业也需要一些工程师，那个时候工程师只是工厂的一个配角，工厂主要是生产。晶体管导致的无限多样性放大了对工程师的需求，各行各业的人才也变得稀缺，有的行业因缺乏吸引力，很少有一流人才，导致整个行业水平降低。写字的多了，优秀作品少了；学历高了，学识低了；演戏的多了，写剧本的少了。科学家模式的崛起，新行业对工程师需求的下降将改善整个社会人才配置结构。

打破常理的时代

互联网公司开始做手机，互联网人士也尝试进入饭馆这样古老的行业；电子商务公司尝试进入实体店零售，传统零售业进入互联网；电子商务公司开始建自己的物流系统，而物流公司蓄势待发，准备搞自己的电子商务。这样的行动在3年前是没有人做的，在5年前是没有人想的。因为商业运行自有它的常识，“隔行如隔山”就是其中一个常识。

商业的常识很多很多，而且不断形成和积累。往前若干年，IBM、通用电气等公司都横跨B2B和B2C两个领域，后来逐渐都脱离了B2C型业务，成为纯粹的B2B公司，因为它们在运营中发现，这两种模式很难兼容在一起。尽管这不是一条清规戒律，但通常要是违反了这些准则，多半都不可能成功。

当然，所谓商业常识没有严格的规范，也不是人人都知晓，更不是人人都认可。比如，我认为高毛利产品和低毛利产品也很难在一个公司生存，这些东西需要的资源禀赋和管理方式差异太大，放在一起不容易成功。著名的思科公司CEO钱伯斯或许不知道这个常识，或许不认可这样的常识。作为一个高产品毛利的公司，2003年，思科收购了家庭无线网络公司Linksys，2007年又收购了小型摄像头公司Flip等一系列低毛利、面向个人消费者的产品，思科认为这些个人产品是一个具有广阔市场前景的品类。笔者则坚持认为这种收购很不合适。果然经过几年艰苦运营，2011年，思科关闭了这些低毛利的业务，之后又退出了平板电脑领域。如果我是思科的CEO，我绝不会进入这些电子消费品领域，这就是每个人看法不同，决策也不同。

人们要经历许许多多的成败才能总结出一小块常识，这些常识成为经营活动的清规戒律。

每个公司无不在各种常识或者道理下运作，不会有漫无边际的公司，最高领导通常都根据他掌握的常识和道理作出是非曲直的判断。形成常理既有实践的成分，也有逻辑演绎，二者常常相互交错，彼此印证。在微软第一次打败苹果、PC全面战胜UNIX工作站之后，人们开始将专业化、软硬件分离当成了常识。

道理也是明摆着的，软硬件分离可以让各公司专注，并且都可能有最多的合作伙伴、最大的市场空间。如果坚持实行纵向一体化，就会成为孤家寡人，受到群狼的攻击。市场在这个原则指导下，几乎每个公司都自动遵守竞争的边界，在自己的一亩三分地耕耘。英特尔和微软之间便互相捆绑，统治江湖多年。

但是，乔布斯偏不认这个理。严格地说他是一个感性主义者，他蔑视常识和理论，只想做“伟大的产品”，结果他成功了。乔布斯打破的常识还有很多。营销教科书上写着要为不同的消费者做不同的产品，以达到对市场的最大覆盖，而乔布斯只做一款产品。对于消费品而言，渠道为王，忌讳直销，直销网点数量有限，会冲击渠道，苹果却偏要直销。从道理上说，乔布斯的对立面是对的，但是事实证明，他们都错了，教科书也错了，今天苹果就是凭借一款手机斩获了市场75%的利润，其他厂商都成了陪太子读书的人。

苹果巨大的影响力当然会带动世界的潮流，但是苹果无理论，只有实践，于是大家开始打破常规，进行各种各样的实践。三星开始尝试自己做手机操作系统，微软开始支持非英特尔架构的CPU，很多公司开始关注“价值链”和控制。

2000年的潮流是互联网，不管从事什么行业的都进入了互联网，联想进入了互联网，世界各大电信运营商也都进入了互联网，若干年后，竟无一成功。这么大面积的失败肯定有我们尚不完全清楚的逻辑因素。现在的尝试也有诸多的不合逻辑之处，将来也必然失败，除非你知道比别人所看到的更深刻的道理。

作为保守主义者，通常，笔者并不看好现在普遍突破常理的做法，虽然他们之中会有少量的成功者，但是大部分尝试者一定会成为炮灰。商业进化就是这样，用大量牺牲换取少量成功。

托马斯·库恩有影响力的著作《科学革命的结构》中的思想也适合经济范畴。

在这本书中，库恩提出了“范式”这样一个概念。范式大体说来就是一个科学家集团所普遍接受的共同信念，一种得到普遍承认的科学成就，它包括科学概念、规律、形而上学理论、解题模型、范例、应用及工具等。库恩认为科学的发展途径为“前范式科学—常规科学—革命科学—新常规科学”，而表征每一阶段的核心是“范式”。

科学发现意在创新，要求对旧范式进行理论和观念上的调整。调整趋于明显，就标志着科学革命已经发生。科学革命是一个在时间和空间上有结构的过程，其实质在于用新范式取代旧范式。因此，科学革命是一场深刻的革命，它不仅使科学的面貌焕然一新，而且还会引起人们的世界观、认识论、方法论等方面的深刻变革。一旦新范式产生并立稳脚跟，科学便进入新的常规时期，向前发展。

举一个例子。比如在古希腊托勒密王朝时期（公元 90 —168 年）建立了地心说，此后，人们就会根据这个范式观察、解释天文现象，进行各种数据测量和统计，并在这个学说指导下，丰富这门学问。直到人们观察到越来越多的事实不能用这个范式解释，哥白尼的日心说就否定了原有的范式，人们便开始在日心说的范式下观察、解释。后来，人们发现日心说也不对，就有了整个宇宙观。

起初是布朗运动，一旦找到一条正确的道路，就会变成有序运动，革命性的改变由此开始。

经济不同于科学的地方是它不够严密，没有完整的定律和体系，也没有形成条文的、写进教科书让每个人都知道的定理。即便在同一个行业，每个企业也有自己的公理。大多数情况下，这种公理没有明文规定，也没有写成条条框框宣示给公司的员工或者管理层，但是大家知道是怎么回事。如德鲁克所言：“在时间之中，在社会领域里，没人随着时间的开始而展开生命，随着时间的终结而结束生命；每一个人都从前面的人接受历代留下的遗产，持有短暂的片刻，再把它交给后来人。”

如果大家都在突破常理，说明常理已经不合理，需要有新的范式。

用阿尔文·托夫勒的定义，现在是第三次浪潮时期，人类历经了农业社会、工业社会和信息社会。但在生产方式的革命性改进上，笔者认为革命只进行过一次，就是泰勒和福特引领的体力劳动效率革命。笔者写下这行字的时间是 2013 年，距离《科学管理原理》发表 102 周年，距离福特在海兰帕克建立第一条流水线 100 周年，智力劳动也应该产生一次革命性的改变了。

附 录

用网络串起智慧的珠子

——在公司知识管理大会上的发言

讲一个刚刚发生的故事。2013年年底我接到了一个企业网互联网销售部的电话，他说，公司要开一个内部会议，讨论关于给互联网公司卖东西的问题，现在公司的主要问题是销售额已经很高，但是没有利润。因为我在博客上写了一些有关互联网行业思考的文章，所以找到了我。

我正好有这方面的很多想法愿意交流。2014年年初开始上班的时候，我找到了曾思南和田文琨，此前我看过他们做的PDF资料，于此次交流正好有用，最后，我整理了材料，去北京交流如何运行服务器与IT。

如果我不写博客，公司没有这样一个平台，这个事情是不会发生的。因为无论采用什么样的管理方式，我们都不在关联的节点上，彼此之间也不认识。我们讨论的东西有可能因为我的建议而产生巨大的价值，即使这次没有价值，下次也可能有价值，相关的讨论多了，自然会更好地解放众人的智慧，最后创造实实在在的商业价值。

这并不是一个需要积累许多年才会发生的特别的事情，而是随时随地，以各种方式发生的事情。网络的交流正在解放智力资源，现在只是初发状态，处于萌芽时期，将来必将释放出巨大的能量。

我为什么写博客?

其实这是没有预谋的，只是觉得整理一下自己的想法和思路是一个不错的选择，就写下来了，三年来我写了将近100篇博客，可能超过30万字，绝大部分都是和公司业务有一定相关性。

世界上有一些东西是越用越多的，很多人可能没有意识到这点。我们知道锻炼身体会让身体变得更好，其实写作如此，思考也是如此。如果一段时间不写一些东西，文字表达就变得很生硬，脑子就会生锈。越写越会写，思如泉涌。所以，即便是没有人看，写博客也是一件好事。此外，我发现，钱也都会越花越多，而不是越攒越多。我的一些爱花钱、爱请客的大学同学，后来发财的概率比抠门的大得多。所以，这个世界上的东西，付出本身就是回报。

写博客、搞讲座的第二个好处就是可以交流，受到启发。我的博客有 6000 多个粉丝，回复率很高。其中有一些活跃度很高的粉丝，他们有时会从不同的角度看待我的观点，在网络的世界里，大家都是有一说一的，没有等级观念，没有弄虚作假的东西，我听到的都是大家真实的想法。粉丝想的东西通常没有博主更系统，但是，有时候角度独特，他会讲一些我不知道的事情，我从中会受到启发。另外，这种交流本身是可以建立一些弱关系的。且不说公司部门之间壁垒重重，就算是没有壁垒，像一些没有明确任务的部门，要了解的东西具有离散、随机、开放的特点，博友的交流是获取信息很重要的一个渠道。就像我开头讲的故事，其实，别的部门也是需要这种交流的。

苏格拉底让他的学生到麦田里面找一只最大麦穗，一旦选择，不能丢弃也不可回头选择。这故事真实的寓意是，人生选择最大麦穗是一个难题，选择 A 就丧失了选择 B 的机会，这非常像生活中的许多事情。我们从众多的意见中选择正确的意见也是一个千古难题。华为 15 万人，有没有员工有潜质把手机做得更好的？有没有有关企业网能找到正确道路的？很可能有！问题是在金字塔结构下如何才能把最大的麦穗选出来呢？

说实话，直到如今苏格拉底难题也没有 100％ 正确的解。但是，通过现代的信息工具能找到逼近解，就像是我们求级数或者迭代一样。

所谓扁平化，我认为一个很真实的意义就是能较大限度地解放每个人的潜在生产力。这是做管理的人并没有总结出来的规律。

第三，是关于知识管理公司层面的问题——坦白说，我对所谓“知识管理”之类的空话虚话无甚好感。

我们公司是一家比较典型的金字塔结构的公司，可以说是比较开放的，员工在心声社区上可以随意发言。但是，缺少扁平化的意识，公司无论讨论什么事情都是有组织、有层次的。安排任务也是固定的、按级别配置的一些人员。久而久之，思路已经僵化，走不出固有的窠臼。虽然我的博客有6000多个粉丝，但是，我大体上感觉自己的粉丝中基本都是基层员工。从人性的层面说，把人分成高低贵贱的这种内在趋势是一直存在于我们的动物本性之中的，灵长类动物是一种等级森严、复杂的群居动物，看看动物园的猴子、黑猩猩就明白大概了。但这种阶级分层却不符合我们的文化主张，也无助于最大限度地解放生产力。

窃以为，公司领导层在接受新事物、新思想观念、使用新的工具方面稍有落后。这种落后表面上没什么影响，而实际上犹如磨刀之石，不见其损而日有所亏。每个人、每个公司都是在不知不觉中被时代抛弃的。解放思想不是喊口号，而是要克服自己的惰性和习惯做法，学习新东西，尝试从新的角度看待世界、理解问题。

据我所知，一些公司做知识管理都是自上向下推动的，而我们则相反。我不知道是否正确，但是，我觉得我们公司基层是有活力的、积极的，面对任何事情都有一种强大的自我发动、自我完善的能力，假如这股劲头也失去了，我们就真成了一家迟暮的公司了。朝气蓬勃、甚至敢于冒傻气是必须要鼓励的。

领导关注有什么好处？因为所有的公司都是领导说了算，下面只是机械操作、无效抱怨而已。再好的东西，领导不知道也等于不存在。华为的金字塔架构很容易让领导不可一世，对各种事物和现象不屑一顾，我认为这正是很多公司走向衰退的非常重要的原因。

总而言之，知识共享共有四个层次。第一，要多了解，要吸收知识为我所用。

第二，要输出，因为越输出收获的知识就越多、越全面，这本身就是收获，即使别人不知道也没有关系。第三，要交流，因为双向的沟通会增加成就感，也会让自己有更多收获，能实现双赢自然更好。第四，希望公司领导层更加关注，因为公司必定是一个执行机构，领导不重视，一切都没有实质作用。不论做到哪一步，其实都能有效果，就像胡适所说："成功不必在我，而功利必不唐捐。"日积月累的结果，是自己和他人都受益。

华为面临的威胁和挑战

公司领导前几个月在干部大会上演讲“引领华为走向长久成功”，讲我们迎来最好的机会，但同时也面临着威胁与障碍。这并非复制于狄更斯《双城记》里那个经常被引用的开头，而是真实的存在。

我们为什么还能挣比较多的钱？因为我们经过多年爬坡，成为一家巨大的公司，终于尝到了大公司的甜头和好处，享受了寡头垄断带来的利益。大公司、规模效益带来的好处显而易见，大家都能体会到，我就不展开了，而是重点讲讲华为面临的威胁和挑战。

威胁

10 多年前，电信设备供应行业有 9 家大公司，那时华为的规模还比较小，现在那些大公司还剩 3 家。过去时代的竞争对手用非常相似的方法研发、生产、销售相似的设备，华为崛起并最终取代了那些大公司。

现在这种形式的竞争已经不是华为面临的主要威胁，因为电信设备供应行业不会有新公司进来搅和，是一个很封闭的市场，这个模式可以保证已有公司的生存时间。

但是，现在出现了一种很讨厌的模式——你卖东西，它送东西。比如我们卖机顶盒，淘宝网就开始送。你靠这个赚钱、活命，它就是玩一玩。FaceBook 雇用了 40 多个顶尖高手，研制服务器，研究怎么做数据中心高效省钱，研制完了，首先自用，这样互联网公司就没有基础设施供应商了。公司有些技术功底很深的人都跟笔者说，互联网兴起也没有关系，我们就像给电信供应基础设施一样给他们供应基础设施即可。笔者认为，这是不可能的，全球的互联网公司固然都有基础设施，但技术含量高的部分互联网公司自己搞定，没有技术含量的基础设施向富士康采购即可，与我们这种靠技术卖钱的公司是没有关系的。

互联网公司不要我们的技术也就罢了，我们只是少了一个大行业客户，问题在于 FaceBook 公开了服务器所有的技术细节。伟创力、富士康拿到了，就可以生产同样的服务器，大型数据中心就可以向工厂直接采购。卖服务器的惠普、戴尔等全傻眼了，现在它们的竞争对手不再是另外一家服务器公司，而是工厂。知识产权的开放会导致“去公司化”，所以，IT 设备公司的命运很悲催。

Google 又开始做 ARM 架构服务器用的 CPU，它要是搞定了，仅仅自用影响不大，但是互联网公司习惯开放，一旦公布出去，传统芯片厂商的饭碗就砸了。

干这些事的人都是互联网公司。小米也是运用互联网传播、炒作、取巧，用互联网服务商的研发模式进入了手机行业。我们要看清楚，一个成立才三年，销售才两年多的公司，销售额已经与我们（手机部分）这么有商业势力、干了 10 多年的公司一样，这是很可怕的。

笔者经常思考的一个问题是，为什么互联网公司能做到，我们传统类型的公司无人能做到？有人说这是因为互联网公司有额外的赢利模式，所以他能够烧你的粮仓。我觉得这只是其中一个原因，但不是主要原因。主要原因是互联网公司找到了一种新型的组织智力劳动的理念、模式，这种模式对比传统公司有显著的优势。我们必须紧迫地去学习、实践这种新型的模式，而不是守住原有的模式去优化和微改进。

有人说互联网起来了，运营商没饭吃了，进而我们也没饭吃了。我的看法则不然。笔者认为运营商挖沟、埋线、架铁塔，这些事情很麻烦，互联网公司取代不了，所以我们不需要替运营商担忧；而我们电信设备供应商有三重防护，暂时不会受到致命的威胁。

第一，我们做的设备不是互联网公司用的设备，这是很关键的。因为互联网公司不会进入我们这样的行业，和我们在电信设备市场展开直接竞争。互联网公司杀伤别人是顺手就把别的行业消灭了：它们自己做机房设备，把机房昂贵的路由器、交换机市场消灭了；它们自己用服务器，就把服务器行业消灭了；它们证实了开源的数据库也可以承担大型、复杂的工作，靠数据库卖钱的公司也会受到致命的威胁。互联网公司对很多行业的竞争模式不是“做掉老大自己做老大”的模式，而是“我杀死你与你无关”的模式。我们的幸运之处在于我们现在不是 IT 公司，只是试图向 IT 方向拓展，互联网公司的直接竞争和误伤这两种事情都不会迅速发生在我们身上，他们威胁数据中心但不威胁网络，这是基本面。

第二，电信设备其实是半成品，存在巨大的交付需求，这个靠先进的生产力和聪明的智力资源解决不了。我们已经度过了艰难阶段，建立起优势。我大概统计过办事处的销售和服务效率，是非常高的，是有竞争力的。互联网公司一时半会儿也不愿意干 B2B 销售这种事，因为还没有发明更优的模式。B2B 行业需要的沟通和服务是我们相当长时间的核心竞争力。

第三，网络不是单台设备，它们之间彼此联络，有继承性和黏性。例如 SDN（软件定义网络）比较容易攻击数据中心，但不容易攻击网络，就是这个道理。思科坚决不搞集中式，想方设法搞分布式也是这个道理，笔者认为他们看透了这步棋。另外，全球的电信公司都是官僚机构，他们设置了很高的壁垒，一个公司想进入这个行业不是那么容易的。

所以，我们真是一家幸运的公司，上帝给了我们三重保护。但是，如果我们自己不清醒，上帝的保护也不会太久。

我们有时间、有金钱去学习、转型，但必须得认清形势，要行动。否则，时间的流逝就会消灭我们的三重防护。